KB056018

지금 당장 시작할 수 있는
작은 가게 만들기

지금 당장 시작할 수 있는
작은 가게 만들기

펴 낸 날   2019년 2월 14일

지 은 이   이영호 (작은가게연구소)
펴 낸 이   최지숙
편집주간   이기성
편집팀장   이윤숙
기획편집   최유윤, 이민선, 정은지
표지디자인   최유윤
책임마케팅   임용섭, 강보현
펴 낸 곳   도서출판 생각나눔
출판등록   제 2008-000008호
주   소   서울 마포구 동교로 18길 41, 한경빌딩 2층
전   화   02-325-5100
팩   스   02-325-5101
홈페이지   www.생각나눔.kr
이 메 일   bookmain@think-book.com

• ISBN 978-89-6489-952-6 03320

• 이 도서의 국립중앙도서관 출판 시 도서목록(CIP)은 서지정보유통지원시스템 홈
  페이지(http://seoji.nl.go.kr)와 국가자료공동목록시스템(http://www.nl.go.kr/
  kolisnet)에서 이용하실 수 있습니다(CIP제어번호: CIP2019003389).

지금 당장 시작할 수 있는

작은가게 만들기

맛있는 케이크를 앞에 두고 두 아이가 다툰다.

서로 자기가 더 먹겠다고 난리다. 그 모습을 지켜보던 선생님이 "서로 똑같이 나눠 먹으렴."이라고 말해줘도 다툼이 멈추지 않았다.

만약 당신이라면 어떻게 할까?

한 아이에게 케이크를 자를 칼을 주고, 다른 아이에게는 두 개로 나뉜 케이크 중에서 자기 것을 먼저 선택할 권리를 주자. 다툼이 사라지고 두 아이 모두 행복하게 된다.

좋은 비즈니스란 이런 것이다.

판매자와 소비자 모두가 만족하는 거래가 되어야 한다.

좋은 상품을 저렴한 가격에 공급하면 소비자가 만족하고, 최소 비용으로 최대 이윤을 내면 판매자가 만족한다.

또한, 좋은 비즈니스란 무조건 큰 회사, 큰 가게여야만 하는 게 아니다.

가게 크기가 최대 이윤을 보장해주지 않는다.

작게 시작하고 크게 남기면 그게 더 좋은 비즈니스다.

작은 가게로 시작하는 좋은 비즈니스 아이템들을 이 책에 담았다.

글│작은가게연구소

목 차

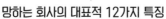

읽은 후에

이것만은 주의하기 💡

망하는 회사의 대표적 12가지 특징

비즈니스와 정책에 대해 알아보자

대한민국에 '고용절벽' 이야기가 들린다.

취업자 수 증가율이 최저치로 떨어지고 경제 전망이 암울하다. 공무원시험에 몰리는 취준생(취업준비생)들이 늘어만 간다. GDP(국내 총생산[1])에 투입되어야 할 인력들이 각종 입사시험에 매진하는 모양새다. 고시학원이 성업한다. 국가적으로도 젊은 층의 인력낭비가 지속되는 게 아닐까 우려되는 상황이다. 정부에서는 취업률을 늘리고 고용시장 안정에 도움되고자 '소득 증대'를 중시하는 정책이 들리고 '혁신주도성장' 정책 이야기도 나온다.

우선, '소득'이 주도하는 성장이란 최저임금을 인상하여 소득을 늘려주면 소비가 늘어날 것이라는 의미다. 이를 통해 소득

---

1 가계, 기업, 정부 등 모든 경제주체가 일정 기간 생산한 재화 및 서비스의 부가가치를 시장가격으로 평가하여 합산한 것.

이 늘어나면 시장이 확대되므로 새로운 회사들이 생기고 고용 상태가 개선될 것이란 장밋빛 전망이 들려온다. 그래서 정부에서는 재정지출을 확대할 것이란다. 정부에서 기안한 안건을 국회로 보내어 입법하여 주면 예산을 집행하고 경기를 살리겠다는 의미다.

경제의 공급과 수요 측면에서 '수요'에 초점을 맞춘 정책이라고 할 수 있다.

그렇다면 '혁신'이 주도하는 성장이란 무엇일까?

수요 주체가 아닌, 공급 주체가 만들어내는 활성화로서 기업들의 규제를 완화하고 정부는 인프라만 지원하되 혁신성장은 기업들이 만들어 나간다는 의미다.

구체적으로는 미래 자동차, 드론, 재생에너지, 인공지능, 핀테크, 스마트시티, 스마트팜, 스마트공장 등의 혁신사업을 정부에서 지원해주고 관련 기업들이 채용을 늘리면서 시장을 확대해 가며 채용을 늘린다는 이야기다.

그런데 문제는 '성과'다.

최저임금 인상과 근로시간 단축을 통해 국민의 소득을 늘려주면 경제가 성장한다는 사람들과 규제 완화를 통하여 혁신산업을 지원해주면 자연스럽게 기업이 주체가 되는 경제 시장이 활성화된다는 논리가 맞서는 이유이기도 하다.

양측의 주장은 어느 한쪽의 이야기만 들으면 수긍하게 된다. 반대쪽 논리도 수긍하지 못할 바는 아니다. 그런데 손발을 맞춰 협력해도 부족할 순간에 왜 이러한 갈등설이 나오는 것일까 생각해보면 그 이유는 즉각적으로 눈에 보이는(국민이 체감할 수 있는) '성과가 부족하다'는 점 때문이다.

개선되는 경제지표가 빨리빨리 보이지 않고, 시장전망도 불안하기 때문이다. 불안하니까 신경이 날카로워지고, 신경이 날카로워지니까 잦은 충돌이 생기기 마련이다. 평소라면 웃고 넘어갈 이야기들도 민감하게 받아들이고 예민하게 받아치는 일들이 생긴다. 경제지표가 너무 바닥을 치다 보니까 정책당국자들 사이에서도 혼란을 겪는 모습이 있다는 소문이 직간접적으로 전해진다.

생각해보면, 소득이 주도하는 성장은 시간이 걸리는 정책인 것만은 분명하다. 돈이 없던 사람에게 오늘 당장 돈이 조금 더 생겼다고 해보자. 그 돈을 쓸까 안 쓸까? 우선은 빚 갚는 데 쓰고 저축을 하며 경제 상황이 나아지기를 기다릴 것이다. 어려움을 겪었으므로 미래에 대비하려는 마음이 생기기 마련이다. 국민에게 소득을 늘려줬더니 소비를 늘리는 게 아니라 저축을 하는, 빚을 갚는 일이 생긴다. 소비를 늘리기 기대했는데 빚을 줄이는 현상이 벌어진다. 나중에 여유가 생겼을 때 다시 돈을 쓰면 모를까, 지금 당장은 안 쓴다는 생각들이 일반적이다.

소득이 주도하는 성장이란 시간이 필요하다는 얘기가 나오는 이유다. 문제는 '그 시기'가 도대체 언제냐는 점이다. 사람들이 더 생긴 돈을 쓰고 싶어질 때가 언제일까?

이에 비해, 혁신이 주도하는 성장이란 정부가 산업분야를 지원하고 기업이 혁신을 이루는 분야를 의미한다. 기존 산업분야 외에 새로운 시장을 열고 정부가 지원해줄 테니 기업들이 진출해서 인력을 채용하고 시장도 넓혀서 돈을 벌라는 의미다. 한마디로 '직업 수'를 늘리겠다는 것과 같다.

현재 산업분야에 필요한 인력 수는 정원이 꽉 찼으므로 새로운 산업분야를 만들어서 직업의 가짓수를 늘리겠다는 것과 같다. 새로운 직업을 만들 테니 새로운 일에 취업하라는 의미다. 하지만 이 경우도 국민이 체감하기엔 미래에 대해 불안하긴 마찬가지다. 이미 불황을 아는 사람들이다. 그들이 혁신이 필요한 분야, 개척정신이 필요한 분야에 뛰어들어 모험하려고 할 것인지 의문이다. 현재로선 노후까지 안정적인 공무원시험에 도전하는 게 가장 큰 목표가 되어버린 사람들에게 '새로운 도전을 하라'며 정부가 지원해준다고 말한들 과연 자기 인생을 걸 용기(?) 있는 사람들이 몇이나 될까?

사람들은 기다릴 게 분명하다. '혁신이라고? 그딴 거 모르고, 그게 내 인생을 보장해 줄 수 있는지 두고 볼 테니 성장하고 성공한 모습을 보고 싶다!'라는 게 솔직한 심정일 것이다. 결과적으로 '혁신이 주도하는 성장'이란 정책도 시간이 걸리는 것이고, 게다가 반드시 성공한 모습을 보여줘야 하므로 더 어려운 일일 수 있다는 게 문제다.

  그렇다면 경제성장을 이루고 고용문제를 해결하기 위해서는 과연 무엇이 답일까? 미래 전망이 불투명하고 암울하더라도, 이 나라에서 자기 인생을 걸고 미래에 대해 걱정하지 않으며 생계를 유지하고 미래를 꿈꾸는 삶을 살아가려면 어떻게 해야 할까? 바늘구멍보다도 들어가기 힘든 공무원시험에 수년 도전할 것인가? 생계를 위하여 어떤 회사에라도 들어가서 월급을 노려볼 것인가? 대기업에 도전할까? 아니면, 해외취업을 할까? 외국어라도 배우게 워킹홀리데이를 떠나볼까? 말이 그럴듯하게 들려서 워킹홀리데이이지, 우리말로 표현하자면 '외국인 이주노동자' 아닌가?
  최저임금에 기대어 편의점 알바라도 하려고 했더니 이번엔 자영업주들이 최저임금이 오르는 바람에 알바생을 다 내보내고 경기가 더 어려워졌다고 시위를 하는 뉴스가 들린다. 총체적 난국이라고 부를 만하다.
  이러한 국면을 전환해줄 획기적인 모멘텀(계기)은 없는 것일까?

  어떤 사람들은 남북관계에 기대하는 모습이다. 남북 간 철도가 연결되면 러시아 시베리아 연해주 유럽까지 철도를 타고 갈 수 있다는 기대를 이야기한다. 사람의 이동이 편리해지면 인력 유입이 쉬워지면서 취업시장이 살아나고 기업이 돈을 더 벌 수 있게 되고 취업자 수가 늘어날 것이란 기대를 하는 것 같다.

하지만 실제 그런 상황을 기대하는 건 예측불허다. 인력이 이동하려면 경기가 좋아야 하는데 상대적으로 우리나라 인력이 다른 나라로 빠져나갈 가능성도 없지 않다. 저임금 노동 시장이 확대되면 사회안전자본수요가 늘어나면서 치안 문제 등에 자금이 더 필요하게 될 수도 있다. 기업체는 세금지원 및 시장 여건이 좋은 지역으로 이동할 수도 있다. 단순히 경기 호황, 취업시장 여건이 좋아진다는 생각만 해선 안 된다는 이야기다.

심지어 인구감소로 인하여 대학교가 줄어들고 학교가 폐교하는 시대다. 미래엔 시시각각 변하는 사업환경에 유연하게 대처할 수 있는 용기와 지혜가 중요할 뿐이다.

그래서 어느 경우이건, 최종적으로 '작은가게'가 주목받게 된다는 점을 알아야 한다. 규모가 작건 크건 상관없이 자기 사업을 해야 하는 이유다. 다만, 사업의 3요소는 사람, 자본, 기술이므로, 내가 하려는 사업에 인맥이 있고, 관련 기술이 있으며, 자본이 있다면 시작할 수 있다. 반드시 기억해야 한다. 위 3요소 가운데 하나라도 없다면 사업을 해선 안 된다.

이 책에서 누구나 현재 자기가 가진 돈(자본)으로, 얼마를 갖고 있건 간에, 내가 잘할 수 있는 일(기술)로, 주변 사람들을 상대로 시작(인맥)하는 비즈니스 아이템들을 담은 이유다.

아이템들을 살펴보다 보면 자기만의 새로운 아이템이 또 생각날 수도 있다. 이 책이 지금 당장 시작할 수 있는 비즈니스 창업 도서이면서 사업을 확대하고 발전해 나갈 수 있는 전략서가 되는 이유다.

공무원시험을 준비하는가? 이민이나 유학을 꿈꾸는가? 식당을 열고 싶은가? 창업을 계획하고 스타트업을 준비하는가?

어느 분야라도 좋다.

단, 당신의 계획을 시작하기 전에 이 책에 담긴 아이템과 전략, 시장 진입 방법, 아이템 개발 방법을 눈여겨보고 익히도록 하자.

이 책이 당신의 미래를 근사한 성공사업가로 무조건 100%로 만들어주진 못하더라도 단 한 가지, 자기 힘으로 인생을 개척해 나가는 용기를 얻게 해줄 것이기 때문이다.

"
국적을 불문하고
경제에 관하여
인간은 이기적으로 변한다
"

사회 경제 시스템 속에서 사람들은 자본이 성장하면 나누고, 상품을 경쟁하고, 물건을 소비하며 광고하고, 삶을 구성하는 물질과 삶의 질을 중시한다. 이때, 상품과 돈이 오고 가는 시장 규칙, 여기에 이은 정부의 규제, 개개인의 무형적 가치인 지적재산권 등 수많은 방식과 방법으로 나뉘는 경제 상황이더라도 당장 내 주위 경제 상황만 중요시하는 지엽적 안목보단 전체를 통찰하는 시각을 지녀야 한다. 경제 역시 '삶의 질'의 문제이기 때문이다. 우리가 소비하는 상품이 내 삶에, 사회 구조에 미치는 영향을 생각하고 살펴야 한다는 뜻이다.

인간은 이익을 추구한다.

개인 이익을 추구해도 전체적인 경제 흐름은 효율적으로 운영된다. 생산자들이 개인의 이익을 추구하는 경제 행위를 하더라도 결국은 '보이지 않는 손'의 힘으로 사회 전체의 이익은 늘어난다. 시장경제의 이런 기능은 경제를 구성하는 생산자와 소비자들이 상호 경쟁을 하기 때문이다.

'창업'에 바탕이 되는 핵심 원리를 설명하는 말이다.

이기적인 인간의 합리적 선택으로 소비가 이뤄지면 생산자와 소비자가 자기 이익을 실현하려는 자유 경쟁을 통해 상호 감시가 이뤄지고, 보이지 않는 손이란 의미의 가격 조절 기구의 자동 개입과 조절로 인해 '자원'이 효율적 분배가 되고, 결국 여러 사람의 이익이 증가한다는 뜻이다.

자본주의사회에서 시장경제 원리는 '이기적 인간'을 미리 가정하고 논리를 풀어나간다. 인간의 본성 자체가 이기적이기에 경제에 합리적인 선택을 할 수 있다는 주장이다. 인간에게 존재하는 이기심에 대한 부정 없이, 바로 그 이기심에서 시작해서 좋은 결과를 낼 수 있다면 제일 좋은 것이다. 본능적으로 이기적인 인간은 합리적인, 즉 '최소의 비용으로 최대의 성과를 내는' 경제활동을 하게 되고, 전체적인 효율이 나타나게 된다.

어려운 시기라도 '기회'를 관찰하고 반드시 내 눈앞에 기회는 잡아야 한다는 것이다. 경제가 어렵고 사람들이 지갑을 닫더라도 우리 생활 자체가 '돈의 흐름'으로 이뤄지기 때문에 소비 및 투자에 완전한 중단은 없다. 사람들은 안전한 투자처를 찾기 마련이다. 투자금의 집중으로 오히려 아이템만 좋다면 투자가 쉬워진다.

故 정주영 회장은 '사업을 하려는데 요즘 경기가 어려워 돈 구하기 어렵다'는 말을 하던 사람에게 이렇게 말했다.

"세상에 돈은 많다. 문제는 당신의 계획에 신용이 없는 것이다."

'위기'라고 하면 사람들은 '돈'을 안 쓰는 게 아니라 돈을 안전하게 쓸 투자처를 찾는다. 이 뜻은, 만약 '내 창업이 안전하다고 인정받는 순간 다른 사람들의 시선을 단박에 잡을 수 있다'는 기회라는 것이다.

'사업'이란 거창한 큰돈 들여 하는 게 아니라 작은 사업으로 '종잣돈'을 만들고, 돈의 규모에 따라 사업을 확장하고 키워가는 것이다. 무모하게 큰돈을 들인 사업 대신 '작은 가게'부터 성공하며 자신감을 갖게 되면 대기업 회장님으로 우뚝 선 당신을 보게 될 것이다. 이 책에서 한국과 일본, 홍콩 소호 거리에서 승승장구하는 작은 가게들의 아이디어를 공개하는 이유다.

You can not teach a man anything, you can only help
him to find it within himself.
당신은 누군가에게 어떤 것도 가르칠 수 없다.
당신은 그 사람이 스스로 깨닫도록 오직 도울 수 있을 뿐이다.

by 갈릴레오 갈릴레이(Galileo Galilei, 1564.02.15.~1642.01.08.)

부부의 마음,
가정이 돈 됩니다

일하고 있는 사람이 일 하나 더 하기- 집에서 사업하기, 과외하기

집에서 사업하기, 사무실이 shop이다

과외 선생입니다. 내 방이 사무실입니다

남성에게 고민이 생겼다.

대부분 남성은 혼자 고민하고 혼자 해결하려 든다.

여성에게 고민이 생겼다.

여성은 자신의 고민을 같이 이야기할 사람을 찾는다.

여성은 사람과 사람 사이, '관계'의 확인 속에서 문제를 해결한다.

여성에겐 친구의 말이 중요한 경우가 많은 이유다.

그렇다면 여심의 관계 맺기 본능을 활용하는 아이템은 어떤가?

여성의 관계 울타리 안에 들어가는 순간, 모든 일이 순조롭다.

그래서 창업은 여성에게 더 유리하다.

그들은 소비자를 확보하고 창업하기 때문이다.

창업.

먼저 창업의 시작에 대해 생각해보자.

사람들은 자수성가한 사람들을 가리켜 아무것도 없는 맨주먹으로 사업을 일구고 돈을 벌기 시작했다고 하면 도무지 믿어지지 않는다는 표정을 짓는다. 어안이 벙벙하다며 거짓말하지 말라고 한다. 그리고 충고 아닌 충고의 끝맺음은 항상 "좋은 대학나와서 직장 잘 다니고 결혼해서 돈 절약하며 살라"는 얘기를 한다.

누구나 한 번쯤 들어봤음 직한 고마운 충고(?)에 마음을 돌린 사람은 몇이나 될까?

말해주는 사람도 알고, 들어주는 사람도 알듯이 '좋은 대학 나와서 좋은 직장 다니다가 결혼해서 돈 아끼며 살아야 부자 된다.'라는 말은 옳기도 하고 틀리기도 한 말이다.

그 이유 1.

우스개 같지만 좋은 대학 나오려면 좋은 대학에 들어가야 한다.

문제는 그 대학엔 항상 정해진 인원만 들어갈 수 있다는 점이다. 어떤 대학이 좋은 대학이냐고 묻는다면 콕 집어 말하기 어렵지만, 사람들이 듣기에 대학 이름만 들어도 '아, 이 사람 공부 열심히 했구나!'라고 생각하게끔 만들어주는 대학을 생각하자.

그렇다면 좋은 대학 나온 사람은 다 잘 살아야 하는가?

현실을 보면 항상 그런 것은 아니다. 미국 하버드대학 졸업생 가운데 사회 빈곤층으로 전락한 수가 졸업생 대비 30%에 육박한다는 대학 자체 통계도 있듯, 공부 잘하는 수재라고 해서 잘 살 수 있다는 논리는 성립하지 않는다.

다른 이유 2.

좋은 직장은 좋은 대학의 경우와 같다고 생각하고 넘어가고, 결혼해서 잘 산다는 말을 보자. 결혼해서 잘 산다는 말은 돈을 아끼며 생활 설계도 하고 자식 교육도 시키며 사회생활을 할 때 궁핍함 없이 산다는 의미로 보자.

하지만 이 말이 제일 어려운 말이다.

'결혼해서 잘 살라'는 말은 요즘 한국 가정에 가장 큰 문제인 이혼율 30%에 육박하는 현실을 봐도 "잘 살아라."라는 말이 어려운 걸 알 수 있고, 이혼한 사람을 가리켜 '돌아온 싱글'이란 뜻으로 '돌싱'이라 부르고 "다음 결혼을 위한 마일리지 쌓았다."라고 한다.

사람들 사이에서 우스개로 회자될 단어까지 등장한 상황에 '결혼해서 잘 살기'는 정말 어려운 말이다. 특히, 경기가 침체되고 내 잘못이 아닌 누군가의 잘못이나 실수로 회사가 망하거나 했다면 단란했던 결혼 생활과 오붓한 가정은 일순간에 빚더미에 올라앉을 공산이 크다. 결혼해서 잘 살기가 내 뜻대로 되는 것만은 아니라는 걸 알게 되는 순간이다.

지금 당장 시작할 수 있는

도무지 뭐 하나 쉬운 것 없는 인생.

내 뜻대로 창업해보겠다는데 다른 사람들은 애써 말리며 충고를 한다? 이렇게 해도 어렵고, 저렇게 해도 어렵다면 조심하면서 정말 제대로 사업을 해보고 싶다는 사람이 옳을까? 아니면 그래도, 아까 말한 것처럼 좋은 대학 들어가서 좋은 직장 들어가서 아껴가며 잘 살기 위해 노력하는 게 좋을까?

각자 인생의 답을 말하기 전에, 필자가 제안하는 해답이란 사업을 하더라도 직장에 다니면서 사업을 하라는 것이다. 불확실성의 인생에서 다자(多者) 수익이야말로 가장 바람직한 재산 증식 수단이다.

한 가지 수익에만 얽매여 살았다간 언제, 어느 순간 실업자될지 모르는 시대인 것이다. 때문에 언젠가부터 사람들은 '부업'에 열중하기 시작했고, 밖에서 남편이 벌고 안에서 아내가 돈 버는 생활을 하다가 한쪽 벌이가 좋으면 그쪽으로 합치는 모습을 보이곤 했다.

하지만 이 방법도 추천할 만한 것은 아니다.

아내와 남편 사이에 어느 한쪽이 돈을 더 잘 벌 경우 그렇지 못한 쪽은 상대적 박탈감에 빠지게 된다. 누가 누구에게 얹혀산다는 느낌도 들게 되고, 남자들의 경우 돈 잘 버는 여자를 아내로 두면 행복감보다는 자존심이 무너지는 상황을 자주 맞이하곤 한다.

일하고 있는 사람이 일 하나 더 하기

필자가 아는 B 씨는 대기업에 다니는 회사원. 그의 아내는 유아교육과를 나온 후 어린이집에서 교사 생활을 하다가 유치원을 직접 차렸다. 그 모습을 바라보는 남편은 아내가 소일거리를 하게 돼서 자기 시간도 활용하고 좋았다고 했다.

그러나 그 기분도 몇 개월을 가진 않았다.

모 초등학교 앞에 설립한 유치원에 어린이들이 몰리더니 아내가 하는 유치원에서 나오는 수입이 남편이 받는 월급보다도 훨씬 많아진 것이다. 주위 사람들은 속마음도 모르고 "돈 잘 버는 아내 둬서 좋겠다."라고 축하 아닌 축하(?)를 했다는데, 가정 경제권이 아내에게 더 크게 쥐어지면서 남편은 어느새 남모르게 기죽어 지내는 시간이 많아졌다고 한다.

가장 기분 나빴던 시간은 바로 어린이집 재롱잔치 때. 진행자가 낸 문제를 맞힌 학부모에게 상으로 원장과 포옹할 기회를 준다고 했는데, 어린이들의 엄마가 맞힌 게 아니라 아빠가 정답을 맞힌 것이다.

어쩔 수 없이 자기 아내와 다른 남자가 많은 사람 앞에서 포옹하는 모습을 보며 웃을 수밖에 없었다는 이 남자는 결국 최근엔 직장을 그만두고 어린이집 일을 같이하고 있다.

그래서 돈을 벌기에 남편과 아내가 안과 밖에서 버는 것보다는 한쪽이 부지런하게 두 가지 일을 벌이는 게 더 좋다고 추천한다. 회사에 다니는 남편이 퇴근 후 또는 주말에 짬을 내어 할 수 있는 돈벌이를 수익 모델로 하는 것이다.

집에서 사업하기, 사무실이 shop이다

필자가 아는 A 씨는 평범한 직장인. 결혼 전 모아둔 돈 3천만 원으로 서울 연남동 지역에 저렴한 빌라를 전세 조건으로 얻었다.

사무실 공간으로 쓰던 곳을 사무·주거 공용인 점을 확인, 20평 정도 되는 한 층을 터서 사무용 책상만 10여 개를 놓고, 인터넷에 '단독 사무실' 광고를 냈다. 사업자 등록증 개설이 가능한 조건으로 월 임대료도 다른 경쟁 사업자보다 저렴하게 내걸자 지하철역으로부터 조금 먼 위치임에도 새로 창업을 준비하는 사람들이 금세 들어찼다.

이 남자는 회사에 다니며 한 달에 한 번 책상 하나당 임대료를 받아 현금 적금을 들거나 아내에게 생활비를 더 주며 대우받고 산다. 공동 사무실로 활용한 원룸은 전세 조건이라서 원금 보장도 되고, 매월 책상을 임대해 사용하는 예비 창업자들이 80% 정도는 유지됨으로 연간 2천만 원 가까운 수익을 얻고 있었다.

위와 같은 방법 외에 직장 다니며 주말을 활용한 창업 아이템이 있다. 이미 본문을 제대로 읽은 독자라면 눈치챘을 것이다. 힌트는 본문 안에 있는데, 그건 바로 '좋은 대학 나와서'라는 7

글자이다.

'좋은 대학 나와서'

부모로부터 이 말을 귀 따갑게 듣고 자란 세대는 일반적이었을만큼 부모 요구대로 '좋은 대학 들어간 사람'이 많다는 점을 생각하자.

좋은 대학 들어가는 사람 수는 매년 한정되어 있다.

1년에 서울 지역에 소재한 서울대, 연세대, 고려대를 기준으로 3개 대학 신입생 수를 모두 합쳐 5천 명이라고 할 때, 4년 기간 동안 적체되는 학생 수는 2만 명이다. 여기에 군대에 가고, 유학 가는 학생을 뺀다고 해도 평균 1만 명 이상은 서울에 있다.

'3개 명문대학 학생 수가 1만 명이다.'라고 함은 매년 대학 입시를 위한 수학능력시험을 봐야 하는 고3 수험생 수를 50만 명이라고 할 때 명문대 학생 1명이 수험생 5명을 맡을 수 있다는 계산이 나온다. 하지만 과외를 시키는 가정은 서울 기준으로 강남 지역에 거주하는 사람들이 대다수이고, 많은 대학생이 강남 지역에서 주로 과외 아르바이트를 한다.

이 이야기를 들으며 여러분은 어떻게 하겠는가?

명문대 학생의 과외 경쟁이 심한 강남 지역으로 가서 과외 자리를 알아보겠는가?

그렇다면 틀린 생각이다.

공부를 못 하던 아이는 제대로 가르쳐주기만 하면 성적 향상이 굉장히 빠른데, 맡은 아이의 성적이 높아질수록 과외 비용이 더 높아진다. 이와 다르게, 강남 지역에선 학생 수요도 많고, 과외 지도를 하고자 하는 사람도 많아서 이왕이면 유학 다녀온 사람, 이왕이면 대학원 나온 사람 등으로 조건이 까다롭다.

경기가 어려울수록 교육 사업이 전망 있다.
[과외 창업]을 이용하라.

과외 선생입니다. 내 방이 사무실입니다

공부 잘하는 사람을 찾아서 방문 교사식으로 과외 교실을 연다. 방문 교사는 학생들 집을 다녀야 하므로 이동 시간을 줄이고 학생들이 찾아오게 만들고 싶다면 집에서 교실을 열어도 좋다. 이러한 창업 아이템은 1인 교습소 형태가 어울린다.

과외 사업은 학생이 정하는 게 아니라 부모가 정하기 때문에, 특히 학생의 어머니가 정하기 때문에 주위 평판이 중요하다. 평소 주위 사람들에게, 특히 아주머니들에게 호감을 주는 이미지, 동생들에게 잘 대할 것 같은 이미지의 젊은 사업자라면 금상첨화이다.

다만, 하는 일 없이 껄렁껄렁하게 지내던 게 본인 이미지라면 자신을 모르는 다른 손님을 찾아야 한다. 이제부터라도 본인의 생활 태도를 고치고 이미지를 만들어야 한다. 사업자가 직접 지도하는 과외는 엔지니어적 발상으로 내 시간 팔아서 돈 버는 것이며 그건 장사가 아니고 '노동'이다.

'장사', '사업'이란 다른 이의 힘과 노동력으로 돈을 버는 구조이다.

노동은 정해진 월급으로 살아야 하지만, 장사, 사업은 많은 돈으로 시간을 활용하며 업무 일정을 자유롭게 갖출 수 있다.

과외 고객으론 우리 어머니의 친구, 아버지의 친구를 불러 고객을 찾아야 한다. 처음부터 좋은 고객이 나오진 않는다. 동네 아줌마네 집의 말썽쟁이 아들, 딸내미라면 더 좋다. 도저히 공부 못할 것 같은 문제아(?)를 제대로 잡아서 교육하면 그 과외 교실의 효과는 금세 소문난다.

공부 잘하고 열심히 하는 학생 데려다가 과외한다고 해도 아이의 성적이 눈에 띄게 높아지지 않으면 "과외 선생이 실력 없다."라는 소리만 들린다. 과외 교실은 공부를 진짜 못 하는 애를 데려다가 해야만 금세 유명해진다.

과외 선생으론 이왕이면 외모도 받쳐 주고 공부도 잘하는 친구와 고용계약을 맺고 과외 학생을 찾아야 좋다. 과외 선생을 위한 매니지먼트를 하는 셈이다.

일단, 과외 교실이 한 명이라도 시작되면 과외 학생을 리스트화 하고, 그 학생의 친구, 후배를 다시 모아야 한다. 과외를 받는 학생들에겐 상품 지원을 해주자. 성적 향상에 따른 포인트제도 좋고, 월별로 용돈도 지급하자.

학생을 격려하는 선생님이 최고라고 소문나고, 과외 선생이 지켜야 할 수칙을 만들고, 학생과의 상담 창구는 '매니저' 본인으로 단일화해야 한다. 여학생을 가진 부모는 남자 과외 선생을 꺼린다.

그러나 이런 점 때문에 동성 간 과외만 이뤄진다는 건 금물. 다소 개방적 부모도 있고, 과외 여학생이 부모를 설득해준다면 남자 과외 선생의 여학생 지도는 어려운 일이 아니다. 오히려, 틈새시장이 된다.

과외를 하려는 학생은 주로 여학생이 많다. 여자 과외 선생에 비해 상대적으로 남자 과외 선생이 입지가 적다. 이럴 땐, 남자 학생을 가르치는 것보다 여학생을 지도하는 남자 선생님이 좋다. 비책은 바로, 여학생 그룹 지도. 과외를 정하는 측은 대부분 아이의 엄마가 많다. 내가 만난 학부모들은 여자 선생을 믿지 않는다. 오히려 호감 가는 남자 과외 선생을 바란다. 여학생 그룹 지도 과외의 특성상 '서로의 관계'를 중시하는 여성의 감성보다는 목표달성을 강조하는 남성의 감성이 학업에 열중하게 만드는 측면이 있어서다.

실력을 갖추고 이미지를 좋게 쌓았다면 노동이라도 즐거운 노동이 될 수 있다. 그리고 과외 교실을 여러 명 해주면서 과외 학생의 친구들도 합류하게 되고 아이가 많은 엄마는 아이 모두를 과외 맡긴다.

가장 중요한 것은 아이에게 대하는 서비스 정신이다. 과외는 서비스 사업이다. 아이들 비위 맞춰야 하고, 어떤 동료는 아이들을 데리고 뷔페를 가기도 했다.

50만 원이면
충분하다

50만 원으로 창업하는 아이템

고객의 차를 소중히 여기는 세차 서비스: 약손 세차 사업

적절한 창업 자금은 얼마일까?

각 아이템에 따라 다르겠지만, 일반적으로 생각하는 사업 자금은 얼마인가?

5백만 원? 5천만 원?

사업이란 거, 진짜 돈을 가져야만 시작할 수 있을까?

그렇다면 얼마의 돈이 적당할까?

이런 문제에 가로막혀 애꿎은 시간만 허비한다면 당신의 사업은 시작될 수 없을 가능성이 더 많다.

사업은 '얼마의 돈을 모아서 시작하자!'가 아니라

'지금 시작하자!'가 되어야 한다.

생각부터 사업적이어야 한다는 의미다.

그 금액도 단돈 50만 원만 있어도 부족하지 않다.

지난 1998년 무렵, 당시 IMF로 대변되는 시기에 취직에 성공한 사람들은 주변 친구들로부터 부러움을 한몸에 받았다. 보통 100:1 정도는 가볍게 뚫어야 회사 배지를 달 수 있었던 시기에 면접만 보러 다니는 친구들도 많았다. 면접을 보면 회사에서 '면접비'를 주기 때문이다. 회사에 당장 취업은 안 되더라도 얼마 안 되는 면접비에 목숨 걸고 보러 다니는 딱한 청춘이 많았다.

모 친구는 대학원 진학으로 결심을 굳혔으면서도 회사에 입사 지원을 하고 면접을 보러 다녔는데, 주위에서 그 사실을 알아보니 그 역시 면접비를 받으러 다녔던 것이라고 하는 웃지 못할 사연도 있다. 경기가 침체되고 소비자가 지갑 문을 닫으면 회사도 신입 사원 채용의 문을 닫는다.

회사 입장에서 직원이란 결국 인건비, 이익을 내기 위한 경비에 속한다. 이익이 줄어드니 경비를 줄여야 하고, 경비를 줄이기 위해선 고정 자산 역할을 하는 상품 제조는 그대로 두더라도 가변 비용인 인건비를 줄여야 회사의 현재 이익이 바로 늘어나는 것이기 때문이다.

그러나 어렵게 회사에 들어가도 신입 사원의 고민은 많다. 출근 시간은 정해져 있지만, 퇴근 시간은 없는 조직 사회 특성상 제대로 마음 편하게 퇴근할 수도 없음을 받아들여야만 하는 제약도 있으며, 회사에 들어가는 순간 경쟁이 이뤄지는 인사고과에 대해 익숙해져야만 한다.

국내 굴지의 글로벌 기업 입사에 성공한 사람들 가운데 30% 가 1년 안에 퇴사를 결정한다고 하니 조직 사회에 적응하기가 얼마나 어려운 일인지 알 수 있다.

정규직 사원의 경우가 그렇다면, 인턴사원 신세는 더욱 열악하다. 인턴 기간 후 고용 여부가 결정되는 인턴사원들은 회사에 남느냐 바로 잘리느냐 결과를 기다리며 단순 '경험'만으로 끝날 수 없는 인턴사원 기간 최선을 다한다. 그러나 결국 남는 소수의 인원을 제외하곤 회사 밖으로 나가야 한다.

필자가 대학 졸업 후 첫 직장을 다닐 때였다.
신입 사원은 필자까지 8명. 신입 사원 동기들끼리 모여 서로 이런저런 이야기를 하던 중 필자가 문득 던진 질문은 "행복하니?"였다.
바로 질문이 되돌아왔는데, "행복하다는 기준은 뭐지?"였다. 필자는 "회사에 일하면서 내일 바로 죽어도 좋다."라는 게 행복하다는 기준이라고 답했다. 그러자 다른 동료들도 고개를 끄덕이며 수긍하는 분위기였다.

하지만 문제는 다음 날 생겼다.
신입 사원 중에서 5명이 퇴사를 했다.
하루 전 동기 모임을 할 때 필자의 이야기를 듣고 '네 말처럼 행복하기 위해' 퇴사를 한다는 얘기였다. 난 그날로 팀장직급으로 올랐다. 물론 팀장의 급여 수준에 맞춘 것은 아니고 부서에 다른 직원이 없어진 까닭에 업무상 승진이 된 것이었다.

사회생활 그리고 회사 생활을 하다 보면 사람의 다양한 모습을 보고 그들의 살아가는 방식을 배울 때가 있다. 각 회사는 그 대표이사, 즉 오너의 성향대로 직원들 성향도 바뀌어 가는데 대표이사의 성격대로 회사를 운영하다보면 그와 맞지 않는 다른 직원들은 모두 퇴사하고, 사장 성격을 따를 수 있는 이른바 '조직 순응형' 직원들만 남는다는 것이다.

먹고 먹히는 정글과 같은 사회생활에서 자신이 속한 조직의 우두머리에 맞춰 생활하는 것도 지혜일 수 있으나 그렇지 못한 직원의 경우 일찌감치 다른 회사를 알아보는 게 상책이다.

내가 다니는 회사, 언젠간 그 회사의 주인이 될 수 없다면 지금 내 인생의 목표를 다시 세워도 좋다. 시간은 흐르면 다시 돌아오지 않는다. 불명확한 미래에 시간을 걸고 내 삶을 투자하기보단 내가 어떻게 하느냐에 따라 결정되는 명확한 미래가 더 좋다.

회사 대표의 성격에 맞춰 순응형 인간으로 조직에 남을 것인가? 아니면 입사 후 수습 기간인 3개월 안에 회사 분위기 파악하고 나와 맞지 않는 곳이라면 과감히 때려치우고 나올 것인가? 인턴 월급, 수습 기간 월급은 정규직의 50~70%만 지급된다.

고졸 이상의 학력자라면 수습 기간 회사에서 월 50만 원 정도의 교통비만 지급되는 곳도 많다.

어려운 취업 관문을 뚫고 회사에 들어왔지만, 밖에서 보던 회사와 안에서 보는 회사의 분위기가 다르다면? 여러분은 남겠는가, 떠나겠는가? 가진 거라곤 50만 원밖에 없으니 참고 살아야 한다는 주장도 있고, 굶어 죽더라도 나가서 다른 데 찾아야 여기 있는 거보다 오래 살 것 같다는 사람도 있을 것이다. 그만큼 나와 맞지 않는 사람과 어울린다는 건 죽음을 각오할 만큼 짜증 나는 일일 수 있다.

그래도 한 달은 버티고 나와야 월급 50만 원이라도 받는다.
입사한 지 일주일 만에 이 회사가 나와 맞지 않는다는 걸 알았다고 하더라도 한 달은 버티고 월급이라도 챙겨 나오라는 당부의 얘기이다. 그리고 그 50만 원을 기분 푼다고 흥청망청 쓰지 말고 바로 시작할 수 있는 사업에 이용하자. 50만 원이라도 적지 않은 투자금이다.

50만 원으로 창업하는 아이템

50만 원 창업하기의 고민은 어렵지 않다.
여기서 소개하는 인턴 월급 50만 원으로 도전하는 사업은 '전단지 제작비'가 투자금 전부이다. 50만 원으로 전단지 배포 대행 사업이 가능하다.

그러나 전단지 배포 대행 사업을 하란 얘기는 아니다. 내 사업을 위해 홍보 목적의 전단지를 꾸미고 만들라는 뜻이다. 전단지 배포 사업이 아니라 내 사업을 위한 전단지 제작비로 50만 원을 얘기한다.

누구나 쉽게 시작할 수 있는 '전단지 배포 대행 사업', 전단지 한 장에 50원꼴로 배포 대행 수수료가 들어간다. 아주머니들이 지하철역 앞에서 나눠주는 각종 전단지도 있고, 주택가를 돌며 여기저기 붙이는 전단지 배포 대행도 있다.

일하는 아주머니들도 숙련자와 초보자가 있는데, 숙련자의 경우 하루에 일당 10만 원 정도를 벌어들인다. 초보자의 경우라도 일당 4만 원은 보장받아야 배포 대행을 한다. 전단지 제작비는 16절지 단면 올 컬러로 1,000장에 20만 원대, 디자인 비용과 인쇄비를 모두 포함한 금액이다.

조간신문에 끼워 신문 독자에게 배포되는 전단지는 신문 보급소에서 주문을 받아 영업하는데, 조간신문을 배포하는 인력들은 새벽 2시 30분에 보급소 앞에 모여 배달할 신문을 받는다. 개인당 속도에 따라 200부에서 300부 정도를 배포하는데, (신문에 넣어 함께 배달해야 할 전단지가 있다면 보통 '삽지'라고 부른다.) 배달원이 일일이 신문 사이에 끼워 챙긴 뒤 각 가정에 배달한다. 배달원의 급여는 월 30만 원 정도인데, 삽지가 들어가고 자기 구역 내에서 전단지 오더를 수주할 경우 월 120만 원이 넘는 수입으로 짭짤한 배달원도 있다.

이처럼 경쟁이 치열하고 시장 선점 효과도 없는 분야보다는 아직 젊다면 그리고 누구보다도 부지런하다면 시장 선점 후 고객 관리에 따라 단골 장사가 가능한 사업에 도전하자.

고객의 차를 소중히 여기는 세차 서비스: 약손 세차 사업

단골을 만들어 영업하는 소자본 사업으로 젊은 세대가 바로 시작 가능한 사업으로 '약손 세차 사업'을 추천한다. 논현동, 보광동, 신길동 등의 원룸 주택가와 여대 앞 하숙집을 공략해야 승산이 높은 여성 고객 대상의 세차 대행업이다. 이름도 톡톡 튄다. 아픈 차를 위해, 더러워진 차를 위해 출동하는 약손 세차 되겠다.

여성 자동차 오너 드라이버는 시간이 흐를수록 많아지는데, 남의 손에 맡기는 세차를 꺼리는 사람들도 늘어난다. 어색한 분위기에 약간 무섭기까지 한 남자 어른이 하는 세차보다, 약손 알바가 세차를 직접 해준다면 오너 드라이버는 어떻게 생각할까?

드르륵거리며 차를 통째로 집어삼키는 세차 기계에 들어가려는 오너 드라이버는 별로 없다. 대신, 약손이 자기를 위해 정성껏 세차를 해주고 자기 차를 아껴준다면 운전자로서 더없이 기분 좋은 일이다. 게다가 고객이 여성이라면 남자 동생에겐 관대하다. 동생 같은 남자가 주차한 곳까지 와서 매일 아침 직접 세차를 해주겠다는데, 세차 기계 속으로 용기 있게 들어가던 여자도 결국 마음을 고쳐먹게 된다.

"내 차 긁히고 상하는 것보다 손 세차가 좋겠다. 그것도 귀여운 동생이 해주는데."

약손 세차업은 전단지로 시작하는 청춘 사업이기도 하다. 아직 청춘에 속하는 내 나이라면 회사 상사 비위 맞추지 못해 걱정하기보다 내 고객 비위 맞추고 돈도 벌자. '세차 대행 서비스'의 시장성은 바쁜 현대인들을 대상으로 한 서비스 사업이다.

기름값이 오르면 자동차를 세워두지만, 그렇더라도 비가 오거나 눈이 내리면 세차를 해야 한다. 자동차를 세차해 주지 않으면 쉽게 부식이 된다. 대기 중에서 공기와 접촉, 왁스 칠이 부족한 차의 경우 자동차 틈새로 수분이 쇠와 만나 녹이 슨다. 차가 많이 더럽지 않더라도 관리하기 위해 세차를 해줘야 한다.

현재 다른 이들이 영업하는 세차 서비스는 영업 대상이 많은 아파트 단지 주차장을 대상으로 영업한다. 월 5만 원, 월 10만 원 고정액 서비스가 있는데, 10만 원은 매일 아침 정해진 시간에 세차하고, 5만 원은 부정기적 세차를 한다. 한 사람이 세차하는 경우보다 2인 1조로 다니며 비누칠, 물걸레질, 건조작업, 왁스 칠까지 순서대로 진행한다. 추운 날씨에 직접 세차가 어려운 고객들의 이용이 많다.

어느 날 아침 자동차 앞 유리에 부착된 '세차 서비스' 전단지를 봤는데, 세차를 맡기는 게 좋겠다고 생각하는 고객이 전화를 걸어온다. 전화를 받은 세차사업자는 '차 번호'를 알려달라고 하고, 은행 계좌를 알려준다. 고객이 원하는 희망일부터 세차가 시작되고, 세차 대행 서비스는 후불제로 운영된다.

관심 갖는 30%로 창업하다

30% 투자법이 회사를 만든다

1인 창업 시 30% 공간 사업, 가장 큰 효과는 '광고 사업'!

사업은 최대의 노력을 해야 한다?

가진 돈 다 쏟고 가족 친지 주변 사람들 돈까지 다 쏟아 넣어야 한다?

조금만 더 하면 성공할 것 같으니 힘들다고 멈출 수 없다?

희망고문에 갇힌 사업자들이 많다.

대단히 잘못된 생각이다.

'조금만 더' 하다가 주변 사람들마저 망하게 만든다.

그래서 사업은 자기가 가진 돈의 30%만 투자해서 해야 한다.

그래야 사업 실패를 하더라도 70%의 여유가 생긴다.

30% 투자해서 안 되는 사업은 나머지 70% 다 던져도 안 된다.

사업도 트렌드의 영향을 받는다. 되는 사업과 안되는 사업의 차이에 대해 생각해보자.

지금 당장은 될 것 같지만, 수년 만에 하향세를 타는 안 되는 사업도 부지기수다.

기억해두자.

현대그룹 회장은 쌀장사로 시작했다. 삼성그룹은 섬유 사업으로 컸다.

현재 현대그룹은 자동차 생산으로 유명하고, 삼성은 스마트폰 제조사로 유명하다.

당신의 사업 아이템은 얼마 지나지 않아 문 닫을 수 있다.

문 닫는데 비싼 돈 들여 최고급 문으로 닫으려는가?

희망고문은 버리자. 사업은 내가 가진 30%의 여유 안에서 운영해야 한다.

동요 가운데 "텔레비전에 내가 나오면 좋겠다"는 가사가 있다. 그런데 요즘 이 가사가 바뀌는 추세이다. "유튜브에 내가 나왔으면 재미있겠네, 재미있겠네."로.

사진 촬영 및 동영상 촬영말고 유튜브 방송에 말이다. 몇 년 전부터 사람들이 TV를 멀리하고 유튜브 채널을 즐겨 보기 시작하면서 변화된 방송 환경을 반영하는 우스갯소리가 그렇다.

일전에 모 DMB 폰의 TV 광고 「실시간 생중계」 편을 본 적이 있다. 「실시간 생중계」 편은 지나가던 청년이 생방송 뉴스 현장을 보고 실시간으로 즐길 수 있는 지상파 DMB 서비스를 이용해 장난치는 내용이 코믹하게 다루어 화제가 되었다. 광고는 당시 KBS2『연예가중계』리포터였던 이연두(당시 22세)가 직접 출연, 광고의 리얼리티를 더했다.

그 내용은 이렇다.

어느 행사장 앞, 리포터가 뉴스를 전하기 위해 스텝들과 분주히 생방송 준비를 하고 있다. 옷매무새를 다듬고 감독의 큐 사인에 맞춰 "네, 제가 지금 나와 있는 곳은…" 하고 말을 이어갈 때쯤, 행사장에서 나온 한 청년이 카메라 옆을 지나다가 장난기가 발동한다는 설정이다.

자신의 DMB 폰에 나오는 생방송 뉴스가 바로 눈앞에 펼쳐지는 것을 보고 자신의 손을 카메라 앞으로 내밀었다 뺐다 하며 실시간으로 확인한다. 리포터를 포함한 스텝들이 이 괴짜 청년의 출연에 당혹해한다. 이 청년의 손이 카메라에 잡히지 않게 하려고 이리저리 왔다 갔다하는 모습이 웃음을 자아낸다.

이 광고는 유료 서비스되는 TU미디어의 위성 DMB와 지상파 DMB를 최대한 차별화할 수 있도록 '공중파 생방송'이라는 상황을 설정, 지상파 TV 방송을 실시간으로 볼 수 있으며 추가 비용 없이 즐길 수 있다는 메시지를 코믹하게 전달해 주목을 받았다.

이 광고를 본 적이 있는 독자라면 다시 돌이켜 그 당시 TV 광고를 보며 어떤 생각을 했었는지 기억나는가?

엉뚱한 광고 콘셉트에 웃고 말았는가? 아니면 그 내용조차 전혀 기억나지 않는가?

30% 투자법이 회사를 만든다

필자가 소개하는 30% 투자법이란 이 광고와 연관이 있다. 광고를 보다가 카메라에 등장하는 길 가던 행인의 모습을 보고 난 후 생각인데, 내 생각에 '저 사람이 만약 광고판을 들었다면 오히려 더 큰 주목을 받았고, 그 광고 효과는 더 컸으리라'는 판단이었다.

한마디로 정리하는 30% 투자법이란 결국, 내가 활동하는 지역, 시간, 장소의 30%를 활용한 사업법이다. 요즘처럼 유튜브 채널이 인기를 얻는 상황에서는 스마트폰 한 대로도 충분히 가능한 사업이 되겠다.

내가 자주 사용한 공간이라면 어느 곳이든 집의 30%, 학교의 30%, 사무실의 30%를 활용하는 방법이다. 대개 우리는 사용하는 공간의 30%는 비워둔다. 대다수 70%만 사용하는 사람들이 바로 우리다. 어느 공간이건 어디에 가든 자세히 보면 여분 공간 30%가 있다.

침대에 누워 보면 1인용 싱글 침대에 누워도 100%를 차지할 수 없다. 양팔을 기준으로 좌우가 남는다. 내 몸이 침대에 차지하는 공간은 침대 넓이의 70%에 지나지 않는다. 침대에 누워 그런 생각을 했다.

"1인용 침대를 만드는데 실제 만드는 건 왜 보통 체형의 1.3배 크기로 만들까?"

그 이유는 소비자가 돌아누울 수 있기 위해서다. 침대에 누워 이리저리 뒤척여도 편안하게 움직일 수 있도록 하기 위해 싱글 침대일 경우라도 보통 체형의 1.3배로 여유분을 두어 크게 만든다.

침대를 예로 든 30% 활용법은 흔히 투자 법칙에서도 종종 인용된다. 내가 가진 자산의 30%만 투자하라는 것. 70%를 투자하면 그 사람은 알거지가 된다. 30%를 투자해야만 다 잃어도 다시 일어설 수 있는 70%의 자산이 남기 때문이다.

세계적 신용 경색에 따른 경제 위기가 심상치 않을 때에도 경제란 항상 악재와 호재가 겹치기 마련이었다.

2007년 무렵, 미국發 신용 경색 위기에서도 악재를 이겨낼 호재 찾기가 쉽지 않은 듯했는데, 미국 은행가의 연이은 파산 위기에 미국 텍사스油 가격은 계속 하락하고 있었다. 신용 경색으로 자동차 등의 유류 소비가 줄어들 것이란 전망 때문에 유

지금 당장 시작할 수 있는

류 가격이 하락한다는 평가도 나왔다. 그 당시 실제 대미 수출 기업들의 2008년 수출 실적은 하락세를 면치 못하는 실정이기도 하였다.

그러나 본격적인 경제 위기가 닥치더라도 '투자'는 해야 한다.

부동산 가격이 폭락하는 지금 얼마 지나지 않아 부동산 가격이 폭등하게 된다. 저평가된 부동산 자산을 눈여겨보다가 최저점에서 구매하면 폭등할 때 큰 부자가 되는 것이다.

그래서 어려운 불황 시대일수록 30% 투자법이 필요하다.

안전한 현금 자산을 위주로 재테크를 하되 내가 가진 자산의 30%만 투자하라는 것, 가능하다면 그것도 현금성 자산이 아니라 무형의 공간을 30% 활용해서 창업이 가능한 아이템을 소개한다.

구로디지털단지 근처에서 의류 회사를 할 때였다.

때마침 이탈리아에서 낮은 가격에 남성용 스웨터를 수입해서 백화점에 유통한 결과 꽤 괜찮은 수익을 거뒀다. 백화점에선 수입만 하지 말고 직접 브랜드를 단품으로 만들어서 매장을 해보라는 권유도 들어왔다. 백화점에서 직접 매장 권유를 하기는 흔치 않은 일로 기회라고 생각됐다.

검토 결과, 승산이 있다고 판단되어 디자인실을 꾸리고 영업

인력을 채용해서 브랜드를 만들기 시작했다. 디자인 기획 및 생산은 다른 업체에서 영입해 온 디자이너의 의견을 적극 반영하여 첫 출시 물건만 기다리고 있었는데, 나중에 만들어진 물건을 보니 기가 찰 노릇이었다.

남자 옷 브랜드에서 잔뼈가 굵은 디자이너라고 특별히 높은 연봉에 영입한 디자이너였지만, 훌륭한 프레젠테이션 능력도 실제 물건 생산에는 별 볼 일 없는 '젬병'이었던 것이다.

만들어진 물건은 남자 옷이라고 하기엔 소매 부분과 몸 부분이 여자 사이즈였고, 제품의 색상은 새로 염색하지 않고 있는 원사를 그대로 썼는지 한결같이 우중충한 색이었다.

수정하고 다시 만들자는데 필자보다 연장자였던 기획이사의 고집으로 그를 데려온 영업상무와 싸우게 되고, 그 둘로부터 '밉상' 돼서 힘들어했던 시간이 있었다. 그러나 결국, 필자 말대로 팔리지 않는 물건들만 잔뜩 두고 영업상무와 디자이너, 기획이사가 나가버리고, 재고를 내가 처분해야 할 때 앞이 아득해지는 순간이었다.

백화점이나 유통 쪽에 민다고 해도 팔리지 않는 옷들이니 소량 팔리더라도 수수료 빼고 소요 경비 제하면 남는 것보다 손해보는 금액이 더 컸던 경우였다. 낮은 가격에 팔자니 유통처에 맡기면 판매 수수료를 낼수록 밑지는 상황이고, 그렇다고 땡처리라고 해서 전문 수거업자에게 넘기자니 더 막대한 손해가 날 지경이었다.

그런데 사무실을 무심코 보던 필자는 아이디어가 떠올랐다. 최대한 현재 내가 가진 공간을 활용하기로 하고, 평소 사용 안 하는 사무실 한쪽 비상구 출구를 터버렸다. 비상구 출구 근처는 창고 겸 비워둔 공간이었는데, 집기를 갖다 세워두니 동대문 옷 매장 정도의 넓이 같은 적잖은 공간이 만들어졌다.

회사 건물 밖으로 나가 보니 주택가도 있고, 회사가 입주한 건물이 사무동이어서 직장인들이 많다는 점도 좋았다. 게다가, 당시만 하더라도 건물이 외진 곳에 있어서 근처엔 이렇다 할 쇼핑몰이 없었는데, 잘만 하면 재고 소진은 어느 정도 가능하게 보였다.

다시 회사로 들어온 필자는 사무실 비상구 출입구 쪽에 재고 박스를 활용해서 매대를 만들고 전단지 A4용지로 프린트해서 사무실 주변 곳곳에 붙였다. 이른바 사무실 공간 30% 활용법이다.

그 결과 회사 앞에 사람들이 웅성거리더니 일부는 사무실 안으로 들어오기도 했다. 예상 밖의 선전으로 재고는 70% 넘게 소진했고, 일반 백화점이나 할인점에서 팔던 세일보다도 손해를 덜 봤다.

자기 공간의 30%를 사업화했던 경험은 또 있다.

대학교 1학년 시절 내 방 창문이 주택가 골목에 위치해있었다. 필자는 방을 사업장으로 해서 창문에 '번역'이라고 테이프를 붙였다. 좁은 창문이 꽉 차도록 큼지막하게 '번역-영어/일어'라고 써두고 이메일 주소를 적었다.

마침, 간판 일을 하던 후배가 골목을 지나다가 필자가 엉성하게 붙여둔 테이프를 보고 다시 붙여준 일도 있다. 테이프 가장자리까지 칼로 재단하니 그럴듯한 광고 문구가 부착된 게 마음에 들었다. 앞서, 내가 붙인 엉성한 테이프 글자엔 신뢰감이 안 생겼는데, 후배가 붙여준 깔끔한 테이프 글자엔 없던 실력에 대한 믿음도 생겼다.

그리고 며칠 뒤. 공교롭게도 필자가 살던 동네에서 전혀 몰랐던 오더가 나왔다. 동네에 살던 대기업 다니던 분이 내 방 창문에 붙은 번역 광고를 보고, 기특하다 생각하셨는지 오더를 주셨다. 대기업 자동차 관련 매뉴얼을 한글화하란 말씀이셨다.

그리고 그 돈을 밑천으로 자그마한 사무 공간을 임대해서 사무실을 꾸민 후, 선배 회사에서 번역 일감을 수주해서 IT 관련 서적 번역을 했다.

당시, 인기를 끈 '영상 번역'까지 확대했는데, 번역한다는 내용

지금 당장 시작할 수 있는

으로 공룡 캐릭터를 그린 스티커를 만들어 신촌 등지의 비디오 방에 붙여놓고 다니니 그걸 보고 모 광고 회사에서 연락이 온 적도 있다. 여자 친구랑 비디오를 보러 가던 광고 회사 직원이 내 스티커를 보고 연락해 온 것이다.

1인 창업 시 30% 공간 사업, 가장 큰 효과는 '광고 사업'!

필자가 만든 청바지의 디자인 중 밑단 접이식 디자인도 광고판의 일종이었다. 여자 반바지의 경우 밑단 접이 방법을 3가지로 할 수 있는데, 밑단에 넣은 문구의 예로 '독도 코리아'란 문구가 보이는 위치는 사람들의 시선이 집중되는 곳이기도 했다.

아리따운 여성이 거리를 활보할 때 미니스커트, 미니 반바지를 입고 다니는 경우 남자이건 여자이건 미니 반바지를 입은 사람과 눈이 마주치기보단 그 아래옷에 눈을 두는데, 다들 하는 생각이 '얼마나 짧을까?'라는 궁금증에 시선을 둔다.

'너무 짧다.'

'적당히 짧다.'

'다리 두꺼운 나는 못 입겠다.'

여러 생각을 머릿속에 하면서 거리를 지나는 것이다. 사람들의 시선이 모이는 장소, 광고 효과가 크다.

학생인가?

직장인인가?

이른 아침부터 학교로, 학원으로 다니며 늦은 밤까지 가방을 메고 다니는 학생들의 가방에 광고판을 설치하자. 자신의 가방 면적에서 남들에게 보이는 면의 30% 공간을 제공할 학생 친구들을 모아서 광고판으로 제공하는 아이템이다.

자기가 가진 30%의 공간을 활용해서 '광고판'으로 대체하는 사업 아이템은 이미 미국에서 시작됐다. 위 이야기를 듣고 허무맹랑한 아이템이라는 생각을 한 독자가 있다면 지금 당장 반성하자. 콜럼버스의 달걀 이야기를 굳이 꺼내지 않더라도 미국 내에서 시작된 광고 대행 사업을 소개한다.

미국 대학생인 A는 스케이트보드 타기를 밥 먹기보다 더 좋아하는 열혈 매니아이다. 그러나 집에서 부모님은 A의 행동을 몹시 못마땅하게 여겼고, 툭하면 혼내기 일쑤였다.

"너, 그러다가 취직 어떻게 하려고 그래?"
"돈도 안 벌고 스케이트보드 타다가 죽을래?"
"결혼은 할 수 있겠냐?"
"너, 미쳤냐?"

뭐, 이 정도의 질책이겠다. 한국 부모님이나 미국 부모님이나 자식들 바로 크게 하기 위해 혼내시는 건 비슷하니 말이다.

그런데 A 군은 부모님 말씀을 듣고 곰곰이 생각했다.

'정말, 스케이트보드로는 돈을 벌 수 없을까? 선수로 대회에 나가 상 받는 건 고정 수입이 아니니 힘들다.'

이렇게 생각한 A 군은 스케이트보드를 타면서 돈을 벌 수 있는 아이디어를 생각하게 되었는데, 그건 다름 아닌 '광고판'이었다.

스케이트보드의 넓은 면적을 광고판으로 기업에 팔자는 것이었다. 스케이트보드를 타는 친구들은 많으니 그들을 모으면 꽤 많은 스케이트보드 광고판이 생길 터였다. 문제는 광고판으로서의 효력이 있어야 하는데, 스케이트보드 주인만 광고를 보는 조건으론 기업들이 돈을 낼 것 같지 않았다.

"아, 맞다!"

A 군은 스케이트보드를 들고 사람들 왕래가 잦은 도심 한복판에 서서 손으로 들고 돌리기 시작했다. 스케이트보드 하나 돌리는 건 아무것도 아니었다. 그러자 사람들은 스케이트보드를 돌리는 A를 주목하기 시작했고, 언뜻언뜻 보이는 스케이트보드 판에 적힌 문구에 관심을 가졌다.

결과는?

성공이었다.

스케이트보드를 좋아하는 젊은이들은 스케이트보드도 타고

돈도 벌 수 있다는 A의 제안에 선뜻 남들 앞에 서기를 좋아했다. 자신의 스케이트보드 돌리기 기술을 보이는 것도 좋아했고, 돈도 벌 수 있는 조건에 만족했다.

대도시 한복판에서 스케이트보드를 돌리며 그 안에 광고를 게재하라는 A의 요구로 각 기업에선 해마다 스케이트보드 광고판 예산을 책정하게 되었다. A의 30% 여유 공간을 활용한 광고 사업의 성공이었다.

A는 이제 더는 스케이트보드판을 돌리지 않는다. 다만, 그와 같이 스케이트보드를 좋아하는 젊은이들에게 돈을 벌게 해주면서 광고 회사를 운영하는 사장이 되었다.

위 A 군의 스케이트보드판 광고 사업과 비슷한 '광고판' 상품으론 매장의 앞 30%를 광고판으로 제공하거나 내 사무실의 30%를, 내 신발 발등 부분 30%를 광고판으로 해도 좋다. 치마와 바지 뒷주머니 30%를 광고판으로, 여름에는 선글라스 하단 30% 공간을 광고판으로 하면 효과가 기대되는 부분이다.

특히 신발 발등 부분 30%를 광고 위치로 할 경우 거리를 걷는 사람들 시선에 확 들어오는 부분으로 효과 만점 광고를 기대할 수 있다. 단, 광고주가 없을 때 사업 초기 그 자리엔 '이 자리에 광고하세요'를 붙이면 된다.

사업은 새로운 것을 준비해서 시작하는 게 아니다.

사업은 자기가 가진 것으로 시작해야 한다.

사업하려는데 은행 잔고는 없고, 대출은 막혔는가?

기술도 없고, 인맥도 없는가?

하지만 당신에겐 여전히 가장 값진 자산이 있다.

당신의 손에 들린 스마트폰 한 대.

스마트폰 한 대면 사업 시작 자본으로 충분하다.

스마트폰을 활용하는, 스마트폰에서 이뤄지는 사업들에 대해 생각해보자.

스마트폰의 등장이 대한민국 생활문화를 바꾸었다. 약속 장소를 정하는 방법도 변화했는데, 80년대는 "학교 정문 앞 붕어빵 리어카 앞에서 7시 5분에 보자. 지난번처럼 엉뚱한 곳에 서 있으면 못 만날 수도 있어."라고 했다가 90년대에는 "일곱 시 이후에 119라고 삐삐치면 서점 앞으로 내가 나갈게. 못 찾겠으면 음성 남겨."로 바뀐다.

그리고 2000년대의 약속은 간단하다. "저녁때 홍대 앞으로 와서 전화해라."

최첨단 이동통신 시대에 사는 대한민국 국민의 라이프 스타일과 사고방식을 반영했던 모 통신 회사의 '현대 생활 백서' CF 시리즈는 소비자들이 실제 일상생활에서 경험하는 휴대폰 문화를 소재로 제작돼 관심을 끌었다.

물론, 2018년 요즘에는 카카오톡 메시지를 주고받거나 문자 메시지만으로도 약속을 정할 수 있다. 그뿐인가? 연인 사이가 되고 안 되고도 카카오톡 메시지를 통해 고백하거나 헤어짐 통보가 가능한 시대다.

한편, 기억을 더듬어 당시 화제가 되었던 '현대 생활 백서 90' 에서 말하는 '약속 방법 변천사' 역시 그 한 가지 예인데, 20여편이 제작되어 전파를 타면서 시청자들의 호응을 얻었다. 「현대 생활 백서 20, 내숭」 편은 전화를 걸어오는 성별에 따라 전화받는 목소리가 현저하게 다른 사람을 담았었다.

광고주의 의뢰를 받은 대행사는 우선 휴대폰을 둘러싸고 벌어지는 일상사에 대한 아이디어를 얻기 위해 청소년, 대학생을 비롯하여 직장인과 가정주부까지 다양한 연령대와 직업군의 의견을 듣고 제작·기획안에 반영했다고 한다.

참가자들은 인터넷을 통해 사진과 글을 찾고, 잡지 또는 책을 참조하거나 주변 사람들과 인터뷰도 마다치 않았다. 또 부모와 가족 관찰, 일상생활 속 해프닝 등 다양한 방법으로 소재와 아이디어를 찾고 정기적으로 회의를 했다.

거의 매일 이루어진 소재 발굴 작업은 밤샘도 일쑤였고 드디어 선정된 소재는 전문 카피라이터가 다듬어 완성도를 높였다. 15초 분량의 광고는 테마마다 아이디어를 낸 사람의 이름을 소개했다. 내레이션은 축구인 차범근, 가수 이문세, 방송인 최화정 등이 맡아 친숙함에 개성을 더했음은 물론이다.

광고를 진행한 해당 통신 회사의 한 관계자는 "사람들은 휴대폰으로 일기를 쓰고 있다."라며 "시대 흐름의 중심에 휴대폰이 있고, 이젠 도구의 기능을 넘어 '생활의 환경'이라 말해도 무방하다."라고 CF 콘셉트를 소개했다. 국민의 소소한 일상을 반영한 화제의 광고 '현대 생활 백서'의 다양한 이야기들이 인기였다.

휴대폰 이야기를 꺼낸 김에 하나만 더 한다.

기억날지 모르겠는데, 서지영, 채연, 쥬얼리, 황보, 배슬기 등 여자 연예인들의 공통점은 무엇일까? 바로 핸드폰에서 사진 화보를 서비스했던 '몸짱'들이다. 모바일 콘텐츠 시장에서 '연예인 화보'가 효자 상품으로 급부상한 이후 여자 연예인들이 앞다퉈 모바일 화보 서비스를 했다.

현영, 유니, 미나 등 섹시한 이미지의 연예인을 비롯한 주유소 CF에서 '빨간 모자 아가씨'로 유명한 모델 이기용, 얼짱 배구 스타 한지연까지 업계는 누구든 '화젯거리'가 된다면 섭외 대상이었다.

남자 연예인으로서는 김종국이 처음 화보 서비스를 했고 이효리와 손예진, 이보영은 데뷔 시절부터의 사진으로 모바일 서비스를 했다. 모바일 화보 서비스는 초창기 '모바일 화보는 누드', '인지도 낮은 연예인의 홍보 수단'이라는 인식에서 탈피해서 신종 마케팅 수단과 수입원으로 각광받았다.

당시 모바일 콘텐츠 업계 관계자에 따르면 "개런티는 화보 서비스 시점의 인지도에 따라 천차만별이다. 적게는 수백만 원에서 많게는 수억 원에 육박하는 경우도 있다."라고 전했다. 그러나 업계에서 통용되는 평균 개런티는 손익 분기점을 염두에 둘 경우 1인당 최고 5천만 원을 넘지 않았다고 한다.

개런티 금액 수치는 산술적으로 산정할 방법이 없는 경우가 대부분이다. 촬영 당시엔 신인이었는데 화보 서비스를 할 즈음엔 드라마 등 작품에 출연하게 될 경우 인지도가 높아지고 모바일 콘텐츠로 파생되는 수익 또한 개런티 투자금의 몇 배 이상이 될 수 있었다.

다만, 드라마 주인공으로 발탁된 배우들의 경우 모바일 화보 모델 캐스팅을 진행하다가 드라마 캐스팅과 동시에 겹쳐서 화보 촬영은 없던 일로 해야 하는 일도 생긴다. 모바일 화보 투자사는 큰 기대 수익을 놓쳐 안타까운 일이었지만, 연예인으로선 맡은 배역 이미지도 신경을 써야 할 부분이었다.

한 관련 업체 대표는 "이용 시간은 출근 시간대인 아침 7~8시 사이가 많고, 점심 식사 후 오후 1시경과 밤 10시 이후에 이용자 수가 많다."라며 "주 이용 연령층은 20~30대 남자가 많다고 말할 순 없고 젊은 여성과 청소년들도 많이 본다."라고 밝혔다.

하지만 핸드폰 화보 서비스 초창기, 촬영 건으로 연예인 소속사에 문의 전화를 하면 채 말도 꺼내기 전에 거절당했던 일이 다반사였다. 모바일 화보라면 섹시 화보 혹은 누드 화보로 생각하는 사람들이 많기 때문이었다. 그러나 경기가 어려워진 시기엔 계약금 없이 모바일 콘텐츠 서비스 회사와 연예인 측과의 수익 나누기 조건으로 서비스가 진행되기도 했으니 트렌드와 유행의 등장과 쇠퇴가 참으로 아이러니하다.

다시 요즘 트렌드로 돌아와서, 손바닥 안에 쏙 들어오는 작은 스마트폰으로 그 안에서 비즈니스 영역을 넓혀가는 사업자들이 많다. 어느 순간 유명해진 말 '손바닥 경제'의 대표적 상품이 바로 스마트폰 아닐까?

스마트폰 한 대로 간단하게 시작하는 사업을 소개한다.

오디오 광고 대행 서비스

스피커폰 기능을 활용하는 방법인데, 바로 오디오 광고 대행 서비스이다.

이 사업은 일정 수의 회원을 확보하고 스피커폰 기능을 통해 노출될 오디오 광고주를 모아 광고를 만들어서 방송한다는 콘셉트이다. 특히 밤 9시 넘어 이용료가 저렴할 때, 나이별로 맞는 광고를 모아 인터넷으로 또는 육성으로 방송하는 것이다.

오디오 광고주는 광고 청취자가 스피커폰으로 주위 사람들과 함께 광고를 듣게 하고 광고 청취료를 준다. 술집에서, 카페에서 스마트폰 오디오 광고이다.

버스를 타고 가다 보면, 정류장 안내 방송 사이에 들리는 오디오 광고와 비슷하다. 1인 미디어 기능의 웹사이트 활용해서 음원을 만들고, 음원 판매 사이트 올려도 부가 수익을 기대할 수 있다. 스마트폰 사용료를 대신 내주고, 광고 음원으로 다운받게 한 뒤, 개인 블로그나 커뮤니티에서 사이버 머니를 지원하고 배경 음악으로도 받게 하자.

버스에서, 기차에서, 사람들 모인 공공장소에서 시끄럽게 떠들며 통화하는 사람들을 활용할 수 있는 노이즈 아이템. '이야기'를 떠들면 '수다'가 되고, '수다'는 입소문으로 전해지며 '광고'가 된다.

어릴 적 경험이 있다.

주택가엔 남편들의 출근 시각과 아이들의 등교 시각이 지나서 등장하는 반찬 트럭이 있었다. 달걀 장수도 오고, 농수산물 시장에서 새벽에 물건을 가져와 주택가에서 장사하는 트럭들도 많다. 특히, 정해진 시각에 항상 다니는 두부 장수가 있었는데 다른 장사 트럭과 다르게 방울 소리 하나만 울리고 다녔다.

경쾌한 방울 소리가 주택 골목길에서 울리면 아무도 없던 각 골목에서 동네 아주머니들이 나와 트럭 주위에 모여든다. 아침 반찬거리, 저녁 찬거리를 사러 나온 주부들이다. 정해진 시각에 정해진 소리를 듣고 나오는 사람들은 트럭 위에 올려둔 여러 물건을 놓고 흥정을 마친 뒤 약속이나 한 듯 사라진다. 트럭은 골목을 나가고, 아주머니들은 집으로 들어간다.

또 다른 장수는 트럭을 몰고 다니며 미리 녹음해둔 자기 목소리로 물건을 알린다. 특히 달걀 장수가 그랬는데, 미리 녹음해둔 달걀 판다는 소리를 듣고 어김없이 동네 아주머니들이 나오곤 했다. 하루는 나도 신기해서 그 모습을 보고 있으려니, 다른 달걀 장수가 등장했다. 항상 보이던 달걀 장수 대신 다른 달걀 장수가 골목에 등장한 것이다.

그러나 새로 등장한 달걀 장수가 아무리 볼륨을 높여 달걀을 팔아도 아주머니들은 안 보였다. 오히려, 몇몇 아주머니들은 동네 시끄럽게 한다며 빨리 안 가면 신고하겠다고 으름장을 놓았다. 머쓱해진 새로운 얼굴의 달걀 장수가 사라진 것은 두말할 나위 없다.

그리고 얼마 지나지 않아 예전에 오던 달걀 장수가 나타났다. 항상 들리던 목소리로 별다른 멘트도 없는데, 단지, "달걀 팝니다."라고만 했음에도 아주머니들이 많이 나와서 달걀을 샀다. 두 달걀 장수의 차이점은 뭘까? 내가 보기엔 새로운 달걀 장수가 물건도 좋고 가격도 쌌다. 그런데 아주머니들은 항상 사던 달걀 장수에게만 물건을 샀다.

그 이유는 '신용'뿐 아니라 '정'으로도 설명되지 않는 것이었다. 그건 소비자인 아주머니들의 귀에 익숙한 '소리' 때문이었다.

귀에 익숙한 소리가 고정화된 소비 행태를 만든 것이다. 달걀은 달걀일 뿐이다. 하지만 소리가 달랐다. 소비자는 소리에 익숙했고, 익숙한 소리에 대한 믿음으로 달걀을 샀다.

현대 사회에서 비즈니스는 1차 2차 3차 산업을 지나서 4차 5차 상품을 파는 시대에 돌입한 지 오래다. (목)소리를 팔고, 이미지를 팔고, 방송 프로그램 구성 형식도 돈이 되는 시대인 것이다. 우리가 흔히 사용하는 컴퓨터 글쓰기 프로그램인 '워드 폰트'도 저작권을 받는 시대다.

저작권이란, 글 또는 음악 등의 방식으로 만든 이의 사상과 감정을 독창적으로 표현한 모든 것들이다. 따라서 우리가 쓴 글도 저작권이 있다. 우리가 그린 그림, 우리가 만든 음악 등 모든 것에 저작권이 있고, 재산권을 인정받을 수 있다.

저작권의 활용 측면에서 탄생한 스마트폰 노이즈 광고 서비스가 있다.

스마트폰 배경 화면을 광고 희망 업체가 제공한 이미지로 채우는 것부터 광고 이미지를 친구 간 전송 횟수에 따라서 주간별, 일별 정기 소득 제공하는 방식도 있다. 스마트폰 케이스 튜닝을 광고판으로 제공한 대행 사업도 가능한데, 스마트폰 사용자 모임에 케이스 튜닝 광고판 이용을 지원하는 것이다.

사업은 일반적으로 규모 싸움이다. 누가 얼마나 갖고 시작하느냐, 누가 얼마의 돈을 갖고 있느냐에 따라 성패가 좌우되는 일이 잦다. 대표적으로 제조업의 경우, 돈이 많은 쪽에서 상대적으로 자본이 부족한 경쟁 업체를 이기기 위해 낮은 소비자 가격 및 물량을 많이 만들어서 시장에 뿌리기도 한다. 돈의 힘이 사업의 성패를 좌우하는 것이다.

　창업은 운 좋게 수십억 원의 대박 사업을 만들자 하기보단 씨드 머니(종잣돈)를 만들고 독립 사업이 가능할 수 있게 아이템을 제공한다는 면이 중요하다. 주머니에 10만 원, 50만 원, 얼마가 있건 창업에 도전하고 제대로 알뜰하게 꾸려서 큰 사업으로 발전시키자.

1,000원으로 창업

당신의 저작권으로 수익을 만들어 드리겠습니다.
계약금은 1,000원입니다.

누구를 만나야 한다? 어디를 가야 한다?

그래야 거기서 사업한다?

아니다.

지금 그 자리에서 시작하자.

사업이란 사람을 불러 모으는 호객 유인책이 아니라

사람들이 찾아오게 만드는 기술이다.

지하철 요금도 아껴야 할 때가 있는 게 사업이다.

이익이 없는 곳에 돈 쓰지 말라는 의미다.

사업하는데 그런 사람이 있다.

큰일을 하려고 하니 일단 잔치부터 하고 파티를 하자. 친목을 다져야 일도 잘된다.

진짜 그런가? 진짜 아니다.

사업하면서 이익 없는 곳에 돈 쓰지 말라는 사실을 염두에 둬야 한다.

지금 당장 이익 없는 곳에 최대한 절약하라는 의미다.

지금은 글로벌 기업으로 모르는 이 없을 정도로 성장한 기업의 시작에 대해 생각해보자.

당신이 아는 '나이키', 처음부터 막대한 돈을 쓴 게 아니다.

스포츠용품 브랜드로 유명한 '나이키(Nike)'는 빌 보어먼이라는 육상 코치와 필 나이트라는 육상 선수가 1972년 탄생시켰다. 나이키는 부메랑의 모습을 본뜬 것으로 속도를 강조하는 이미지의 로고 때문에 스피드가 강조되는 운동선수들에게 더 인기를 얻은 것으로 보인다.

나이키의 로고는 그리스 신화에 나오는 승리의 여신 '니케'의 날개를 디자인한 것으로 스포츠의 정신과 승리의 의지를 나타낸 것이다.

금전적 가격만 100억 달러를 넘는다는 나이키의 로고는 창업

무렵 회사를 상징할 로고를 만들려던 중 포틀랜드 주립대학에 다니던 여대생에게 의뢰하여 단돈 35달러를 주고 디자인을 부탁한 것으로 유명하다. 사람들은 단돈 35달러에 로고를 디자인해 준 여대생을 안타깝게 생각할지 모르나 나이키 회사는 로고만으로 성공했다 하기보단 광고로 더 많은 인기를 얻었다.

그리고 2000년대.
우리는 저작권 창업 시대에 살고 있다. 나이키 로고를 그려 준 여대생이 '저작권' 개념에 대해 미리 알았더라면 로고를 디자인해주면서 앞으로 생길 수익에 대해 지분 1%만 달라고 했어도 지금쯤 대단한 부자가 될 터였다.

지난 2002년 붉은 악마 비더레즈(Be The REDS)의 상표와 저작권 사업은 차이가 있다. 상표는 다른 회사로 넘어갔는데, 당시 200만 원을 받고 로고체를 디자인했던 디자이너는 의류 회사에서 자신의 로고체로 의류 브랜드를 만들어 사업화하려고 하자 이에 발끈, 자신에게 저작권이 있다며 의류 사업을 막았다.

월드컵 열기로 한국 전국을 달궜던 한 달 동안 단일 티셔츠 시장만으로 추정 2,000억 원 규모로 성장했던 사업은 월드컵이 끝나자마자 열기가 급속도로 사라져 로고를 의류 브랜드화하려고 했던 사람들조차 머쓱해졌을 것이란 생각이 든다.

여의도에서 모 창업 컨설턴트와의 대화가 기억에 남는다.

방송에 자주 출연하며 꽤 알려진 분이었는데, 여의도 근처 중국 식당에서 갖는 대화 중 이제 '보이지 않는 상품을 파는 시대'가 왔다는 내용이었다.

사람들은 그동안 눈에 보이는 상품을 만들고 팔면서 돈을 벌었다.

사람들은 자원이 부족했던 시대엔 물건을 소유하면서 자기만족감을 얻고 소비 충만감을 느꼈지만, 이제 물질이 부족하지 않은 시대엔 정신적 가치 등의 보이지 않는 프라이드를 자랑으로 여긴다는 것이다. 2,000년대 한국을 휩쓸었다고 할 만한 유명 브랜드 열풍, 이른바 '명품'도 그렇다.

저작권과 보이지 않는 상품에 대한 이야기를 마치고 사무실로 돌아와서 웹 디자이너에게 다른 사람 사진 함부로 쓰지 말라고 경고를 하니, 인터넷은 원래 무료로 쓰는 건데 이상한 소리 한다면서 거부를 했다.

결국, 그 직원이 틀렸고 내가 옳다는 건 2년이 채 지나지 않았을 때였다.

저작권이란 무등록 방식으로 자동 인정되는 권리이다.

내가 그림 하나를 그리는 순간 이미 저작권이 인정된다는 뜻이다. 내가 그린 그림을 누군가 다른 사람이 내 허락을 받지 않고 가져다 상업적으로 썼다면, 그 사람은 재산상 손해를 끼친 벌로 손해배상을 해야 하며, 남의 재산을 허락 없이 가져간 절도에 해당함으로 형사상 벌도 받아야 한다.

민사적, 형사적으로 보호받는 '저작권'은 저작권자가 죽어도 사후 70년을 보장받는다. 게다가 내가 만든 저작물을 다른 이에게 돈을 받고 양도한다고 해도 '저작 인격권'만은 양도될 수 없는 고유한 저작권자의 권리로, 저작물이 쓰이는 방법을 항상 제어할 수 있는 저작권자의 안전장치이기도 하다. 각국 간 FTA 체결 중엔 '저작권' 조항이 빠짐없이 들어있다. 우리나라 저작권 하나가 미국, 일본, 중국 등 세계에서 인정받는 시대가 도래하는 것이다.

2004년경, 한국엔 저작권 분쟁이 이어졌다.
인터넷에서 네티즌들이 무심코 가져다 쓴 사진과 음악 파일, 그림, 글 등에 대해 저작권법을 안 법무사, 변호사들이 나서서 저작권자들에게 의뢰를 받아 민사와 형사 소송을 걸기 시작한 것이다.

하지만 이런 소송의 당사자는 대부분 나이가 어려서 법을 잘 모르는 중·고등학생들이 대부분이었고, 이는 대부분의 매체에 보도될 만큼 사회적 이슈로 떠오르기도 했다. 모 경찰서 형사의 이야기로는 저작권을 악용한 법무사무소들의 돈 벌기 경쟁이라고도 했다. 급증한 저작권 관련 고소 때문에 다른 일은 손도 못 대는 상황이 생긴다고 불만이었다.

필자도 예전에 한 번은 상담차 음악 저작권 관리 협회에 들러 직원과 대화를 나눈 기억이 있다. 당시 이야기해 준 직원이 내린 '저작권'에 대한 정의는 간단명료했다.

"아파트가 있습니다. 밖에 와서 주인을 부르는데, 주인이 집을 비웠다고 합시다. 주인이 자리를 비운 아파트, 주인 없다고 다른 사람이 자기 거라고 할 수 없지요? 남이 들어오면 그게 무단 주거침입이죠. 게다가 그 아파트를 자기 것처럼 해서 다른 이에게 팔았다고 하면 절도가 되죠? 저작권도 저작권자의 재산이기 때문에 아파트나 똑같은 겁니다."

그렇다면 저작권에 대해, 내가 보기에 좋은 저작물이 있어서 상업화하려고 저작권자를 찾았지만, 도저히 찾지 못했을 때, 일단 상업화하고 나중에 저작권자에게 수익을 전달할 방법은 없을까?

저작권에 대한 분쟁을 피하는 길은 저작권자에게 반드시 허락을 받고 사용하란 것이고, 만약 저작권자가 찾기 어려우면 법원에 '공탁'을 걸라는 제언이었다.

나중에 저작권자가 나오더라도 내가 당신을 찾기 위해 이렇게 노력했고, 저작권자가 없는 것 같아서 법원에 공탁을 걸어두고 사용했다는 설명을 붙이란 것이다. 그러나 이때라도 저작권자가 그만 사용하라고 하면 그 사업은 포기해야 한다.

저작권에 대해 관심을 두던 중, 핸드폰 콘텐츠 업체에 필자가 쓴 글을 소셜 콘텐츠로 공급해 본 적이 있는데, 매월 들어오는 수익이 꽤 쏠쏠했다. 책으로 써낸 출판 인세는 별도로 핸드폰 콘텐츠로서 받는 수익이 부가 수익이 된 것이다. 또한, 글로 쓴 책은 인쇄물 외에 영화, 연극, 오페라, 뮤지컬 등의 제2차 저작물로 상업화될 경우 또 수익이 생기며, 수출되거나 번역될 경우 제2의 제3의 수익이 추가된다.

궁금증도 생기게 마련이다.
만약, 다른 사람 사진기로 내가 사진을 찍으면 그 저작권은 누구 것일까? 그 답은 사진을 찍은 사람의 것이란다. 사진기, 워드 프로그램, 그림을 그리는 붓 등의 저작 도구는 많지만 결국 그 도구를 이용해서 저작물을 만드는 사람이 저작권자이기 때문이다.

또 다른 질문, 회사 업무 지시를 받고 일을 하며 직원이 만든 일러스트는 저작권이 누구 것일까? 이에 대해선 여러 가지 설명

지금 당장 시작할 수 있는

이 가능하지만, 일단 직원은 월 급여를 받고 노동의 대가를 회사에 제공한 것이므로 엄밀히 보자면 저작권은 회사의 것이 맞다.

그러나 저작인격권은 직원에게 있으므로, 회사는 직원에게 지시하여 만든 저작물을 용도에 맞게 사용하는 것이 바람직하다. 저작권자인 직원의 인격을 저해할 만한 장소에 저작물을 써선 안 된다는 것이다.

얼마 전에는 연예인 지망생이 아르바이트 겸해서 자신의 초상권을 판매한 사례를 접한 기회가 있었는데, 연예인 지망생으로부터 초상권을 제공받는 조건으로 계약한 회사는 연예인 지망생에게 영원히 초상권을 무제한 범위에 사용 가능한 조건으로 35만 원을 지급한 사례도 있었다.

저작권 및 초상권, 성명권 등에 숙지하지 못한 개개인을 대상으로 모든 법적인 저작권 침해 행위가 자행되는 것이다.

당신의 저작권으로 수익을 만들어 드리겠습니다. 계약금은 1,000원입니다.

이런 저작권 관련 사업에 있어서, 저작권자와 저작권 대리 중개업자와의 관계는 사업을 시작할 당시엔 형식적인 계약서가 필요하다. '언제부터 저작물을 만들어 아무개가 상업화하는 조건'으로 계약서를 쓰는데, 계약금으로 금전 거래가 오고 간다는 형식을 채우기 위해 ₩1,000원을 거는 것이다.

 일부 독자는 ₩1,000원은 너무 적다고 생각할 수 있으나 일의 내용을 살펴보면 그렇지만도 않다. 저작권자와 저작권 대리 중개자는 어떤 저작물을 놓고 '상업화 가능성'을 이야기하게 되는데, 그 어떤 저작물이란 대상도 없을 경우 두 사람의 동업 개념이 되기 때문이다.
 동업하기로 하고 한쪽은 만들고 한쪽은 팔겠다고 할 경우, 의례 형식상 금원을 주고받는 것을 위해 ₩1,000원을 거는 것이다.

 연예계엔 100원 계약서가 있다.
 유명한 실화이기도 하다. 술집에 놀러 간 연예계 매니저 A 씨. 술집에서 우연히 B 양을 만났는데, B의 끼가 연예인이 될 자질이 충분하더라고 한다. 그래서 그 즉시, "너 연예인 해볼래?" 하고 그 자리에서 100원짜리 계약서를 썼다. 조건은 "B가 버는 수익의 5%를 달라는 조건"으로 A는 B가 연예인을 할 수 있도록 연예기획사에 소개를 해줬다.

 그 당시 B가 오늘의 대스타로 탄생하리라곤 아무도 몰랐다는 점이다. 달리 말하자면, 저작권자 B의 초상권을 보고 상업화를 판단한 저작권 대리 중개자 A가 만났기에 큰돈을 가져다준 상

지금 당장 시작할 수 있는

76 작은가게 만들기

업화가 가능했다는 얘기이다. B를 연예인으로 데뷔시켜준 A는 압구정동에 200평 규모의 BAR를 운영 중이다. 지금도 B를 통한 수익이 이어짐은 물론이다. 이 이야기는 연예계 사람들은 대부분 알고 있는 유명한 실화이다.

쓸모 있고 돈 되는 저작권 가치란 결국 대중화와 공감성이다. 일본에선 캐릭터 하나를 제대로 만들고 상업화하기 위해선 '감성'을 담아야 한다고 주장하는데, 인간의 감성 마케팅의 대리물로 캐릭터가 떠야 한다는 의미이다.

친구처럼 사업하기

대필 작가 되기: 모르면 쓸 수 없다. 고객과 친구가 되다

'책' 정보 알려 주기

영화 정보 알려주기

사업은 불특정 다수의 고객을 상대하는 것이다?

사업은 규모의 경제이고, 많은 물량을 많은 사람에게 판매한다?

그래서 사업은 자본금도 많아야 하고, 사무실도 필요하며 인맥도
필요하다?

과연 그럴까?

조금 다르게 생각해보자.

지금 당신 곁에 있는 친구를 고객으로 삼는다.

친구가 궁금한 것을 내가 알려준다.

당신은 최소한 고객 1명을 얻었다.

친구와 사업의 관계에 대해 알아보자.

『지금 만나러 갑니다』란 일본 영화가 국내에 개봉, 유행어가 된 적 있다. 최근엔 국내에서도 손예진 소지섭 주연의 동명 영화가 개봉되어 좋은 반응을 얻었다.

필자는 이 영화를 보고, 영화 제목 앞에 "(얼마의 돈을 들고) 지금 만나러 갑니다."로 부른 적이 있다. 남자와 여자가 만나는 데 반드시 돈이 들기 때문이다.

물론 남녀만의 이야기가 아니다.

사람은 만난다. 만나면 돈이 든다.

결국, 만남이 돈이 된다는 뜻으로 받아들여진다.

그래서인가? 만남을 사업화해서 돈 버는 곳은 많다. 결혼 대행업체, 미팅 주선 이벤트사를 말하는 게 아니다. 불법, 탈법 요소가 많은 결혼 소개업이 아니라 젊은 층 사이에서 활용 가능한 사업으로, 만남을 돈으로 바꾸는 아이템이다.

그러나 이 글을 쓰는 필자는 그 영화를 안 봤다. 윗글에서 제목을 단 '스포일러' 때문이다. '스포일러'란 순우리말로 '미리 나르미'라고 해서 어떤 영화에 대해 그 줄거리를 미리 얘기해버림으로써 관객들에게 재미를 반감시키는 사람을 말한다.

어떤 영화를 보고 싶어 했는데 누군가 갑자기 그 영화 줄거리를 다 말해버리면 김빠지고 맥 빠져 영화 보러 갈 엄두를 내기 힘들다. 그래서 스포일러는 문화 상품을 내놓는 회사 입장에서 보면 있어선 안 될 존재이기도 하다.

그런데 '책'은 어떤가?

약간 다르다.

서점에서 사람은 책과 만난다.

그러나 돈을 쓰는 경우는 점점 줄어든다. 사람들은 서점에서 책과 만나 내용을 충분히 검토하고 구매는 온라인 서점에서 한다. 책을 직접 본 독자가 스스로 스포일러가 되어 차라리 책을 싸게 살 공간을 찾아가는 것이다. '책'에선 스포일러가 독자 스스로이다.

이런 현실에서도 먼저 간단한 아이템 하나가 나온다.

서점에서 책을 안 사는 사람들 그러나 서점에 오는 사람들. 이들을 위해 '서점'에 올 필요가 없도록 시간을 팔자.

책을 소개하는 사이트를 유료로 운영하면 된다.

신간 서적을 다른 사람들 대신 사업자가 직접 검토하고 그 결과를 신간 서적 평을 올려 사이트에 게재한다. 바쁜 사람들은 '시간'이 돈이란 걸 알기 때문에 시간을 절약하기 위해 돈을 쓴다. 결국, 사업자가 운영하는 신간 서적 평을 차용하려는 사람들이 생긴다.

블로그 서평이나 미리 보기 기능을 이야기하는 게 아니다.

책을 소개하는 아이템이라는 것은 책에서 핵심 문구, 핵심 메시지를 간추려서 전달한다는 의미다. 책을 읽어야 하는데 정작 책을 시간이 부족한 사람들을 위해 제공하는 서비스다. 예를 들어, 기업에서 매월 책 한 권을 읽고 독후감을 내야 한다고 하자. 업무 보고서에 출장에 행사에 치이다 보면 독서할 시간이 줄어든다. 이런 경우 유용한 서비스다. 물론, 책 소개 메시지를 제공받는 사람들도 그 자체로 책을 소비한다고 여기지는 않는다. 오히려 책에 대한 독서 욕구를 늘려주기도 한다. 이 서비스를 이용하려는 사람들은 독서할 시간이 부족할 뿐이지 책을 싫어하는 것은 아니기 때문이다.

그렇다면 '시간'에 대한 사람들의 태도를 생각해 보자.

버스, 택시, 자동차를 이용하는 사람들은 왜 그럴까?

사람들은 '버스 또는 지하철 기다리는 시간'이 아까워서 택시를 탄다. 택시를 기다리는 시간도 아까운 사람들은 자기 자동차를 사고야 만다. 기름값이 얼마가 들든 간에 자기 자동차로 직접 운전해가며 빨리 이동하겠다는 목적이 있다.

말하자면, '시간'이 아까운 소비자에겐 군이 서점에 가지 않아도 될 시간과 비용을 절약하도록 해줘야 한다. 사람들은 그 시간을 절약하는 대가로 기꺼이 돈을 낸다. 버스를 타고 가도 될 거리는 시간 절약을 위해 택시를 타면서 비싼 돈을 내는 것과 같다.

　위에서 말한 사업을 실제 한다면?

　책 정보 사이트 운영은 1년에 1만 원 회비가 적당하다, 한 달에 한 권 사보는 직장인일 경우, 서점까지 왔다 갔다 하는 비용은 버스와 지하철요금 기준으로 대략 2천 원 정도이므로 1년이면 2만 원가량 차비로 쓴다. 2만 원 낼 바에야 직접 가는 게 좋다는 소비자라면, 절반은 할인해 줘야 한다.

　1년에 1만 원 회비로 운영되는 신간 서적 소개 사이트는 처음엔 온라인 카페로 시작하고 회원이 모이면 수익 카페로 바꿔서 광고를 유치한다. 출판사에서 광고가 들어올 것이기 때문이다.

　이 사업의 포인트는 '홍보력'과 '아이템'이다. 사람들은 아무 책이나 안 사본다. 따라서 베스트셀러 신간 평을 위주로 올리도록 하자.

　서점에서 책을 사보는 소비자, 즉 독자들은 어떤 책을 살까? 그리고 왜 살까?

　지난 1990년대 후반의 일이다.

　IMF 시대로 통칭되는 이 무렵, 예외 없는 출판 불황을 감지하듯 출판계에도 연예인들이 등장하기 시작했다. 연예인의 인지도를 빌어 책을 팔아보자는 마케팅의 일환이었다.

1998년 늦은 가을 무렵 탤런트 전원주의 『영원한 이등 인생은 없다』가 서점가에 선보이며 유명인 출판 붐을 이뤘는데, 당시 전원주 씨 책을 낸 출판사에 들러 이야기를 나눈 적이 있다. 당시 몇 쇄를 찍을 정도로 책이 반응이 좋다는 이야기를 들었다. 힘든 경기 상황에서 사람들은 용기를 독서의 목적으로 삼아 위안받는다는 것이다.

'영화' 속에서 현실 도피를 꿈꾸는 사람들은 '책'을 통해 '현실 속에서 위안'을 받는다. '책'과 '영화'는 같은 문화 상품이지만 각기 다른 역할을 하는 차이가 있다는 게 증명된다. '책'을 사는 이유는 '현실적 도움'을 받기 위해서이다.

비슷한 시기,

S 출판사 대표와 시내 모처에서 저녁 식사를 했을 때였다. 당시엔 J모 개그맨의 컴퓨터 책이 화제였는데, S 출판사 대표는 그런 말을 했다.

"얼마 전에 J 개그맨을 만났는데, 어떤 책을 제안해서 검토 중이다."라고. 이야기를 듣자면, J 씨는 직접 책을 기획하고 직접 집필하는 몇 안 되는 연예인 작가 중 한 명이었다. 개그맨 J로부터 붐을 이룬 연예인 책 출판, 방송 활동에 바쁘다는 연예인들이다.

그럼, 직접 책 쓰는 연예인은 몇이나 될까?

책을 낸 연예인(또는 유명인을 포함해서)들은 부지기수이다. 홍명보, 안정환, 박경림, 정지영 등등. 책을 낸 유명인은 예전에도 있었고 앞으로도 계속 있을 태세인 것만은 분명하다. 이번 이야기에서 알아보고자 하는 내용처럼 '저자가 누구냐'는 민감한 사안이다.

『그림 읽어주는 여자』로 알려진 '한젬마'의 경우, 책을 낸 명진출판사까지 나서서 누가 썼는지에 대해 해명을 할 만큼 독자들 사이에서도 논쟁이 커졌고, 『박경림의 사람』이란 책이 독자들 사이에서 꾸준한 반향을 일으키며 베스트셀러 반열에 올랐음에도 박경림의 책도 '연예인 저자'에 대한 독자들의 진정성 질문에 자유롭진 않았다.

해당 도서의 출판사였던 리더스북에선 박경림의 집필 여부에 대해 해명 자료를 내놨는데, 내용인즉 "신해철의 책도 인터뷰 작가에 대해 밝힐 만큼 다양한 시도가 있다. 테크니컬 라이터를 공동 저자로 올린 것도 이해하라."는 내용이었다.

한 걸음 더 나아가 리더스북 출판사는 "신웅진 기자가 쓴 『바보처럼 공부하고 천재처럼 꿈꿔라』를 반기문 유엔사무총장이 직접 쓰지 않았다고 책의 진정성에 의문을 던질 사람은 없다."라고 했다.

"『박경림의 사람』도 그간 관행처럼 여겨지던 연예인의 대필 논란을 불식시킬 수 있는 새로운 시도로서 앞으로 유명인의 에세이가 더는 진정성 논란에 휘말리지 않을 수 있는 바람직한 방향을 제시하고 있다고 보인다.”라고 의견을 제시했다.

　그러나 반기문 유엔사무총장의 책 저자는 신웅진 기자 '혼자'
라는 점이고, 신웅진 기자가 썼다는 '사실'이다. 반기문 유엔사
무총장과 신해철의 책을 거론하는 출판사의 보도 자료가 다소
궁색하게 느껴지는 부분이다.

　물론, 박경림도 『사람』이란 책을 내면서 '일정 부분 집필도 했
을 것이고 관여도 했을 것이다.'란 점에서 '저자'는 맞다. '테크니
컬 라이터'를 우리말로 번역하자면 '기술적 저자', 내지는 '기교를
첨가한 저자' 정도면 적당할까?

　내가 이해하기엔 '대필 작가'의 영문명으로 보이기도 한다. 개
인적 느낌의 차이이겠지만 말이다. 출판사는 왜 '테크니컬 저자'
라는 표현을 굳이 갖다 붙여야 했을까? 모 연예인의 책을 준비
하면서 대필 작가 역할을 경험해본 사람으로 생각해본 이유는
그렇다. 유명인의 책은 '인터뷰'를 거쳐 준비되고, 사실에 따른
키워드로 '대필 작가 필력'에 의해 책이 된다.

　'책'을 사는 사람들은 '현실 속에서 위안'을 받고자 했는데, 그
책의 저자가 다른 사람이었다면 독자로서 '배신감'이 드는 것이
다. 사람들이 책 저자에 대해 민감하게 반응하는 이유를 설명
한다.

친구를 위한 사업, 대필 작가 되기: 모르면 쓸 수 없다.
고객과 친구가 되다

다른 이의 책을 대신 쓰는 대필 작가는 얼마를 벌고 어떻게 일을 하는가?

유명인의 인터뷰 작가를 해오는 전문 대필 작가 S 씨는 출판계에서 유명한 대필 작가로 작품당 1,500만 원을 받는다. 신인 대필 작가의 경우 보통 책 한 권에 100만 원 내외를 받기도 한다.

대필 작업은 인터뷰 기간을 거쳐 대필 작가의 원고 마무리로 완성되는데, 보통 3개월에서 6개월의 기간이 소요된다. 길지 않은 시간 동안 인터뷰어가 내뱉는 단어를 조합하고, 엮어 그 사람의 인생을 담아야 할 의무가 대필 작가에게 있다. 대필 작가의 필력에 의해 독자들은 자기가 알고 있는 연예인의 삶에 빠져들고, 감동하고 열광하게 되는 것이다.

모 운동선수의 책을 준비하며 지방으로 내려가 그의 숙소 앞 카페에서 인터뷰를 진행한 적이 있는데, 인터뷰하며 적잖이 당황했던 기억이 있다.

방송으로 보이던 그 사람의 깔끔한 이미지와 세련된 외모에 비해 말투가 지극히 실망스러웠고, 툭툭 끊기는 답변에 고생한 기억이다. 해당 매니저는 오죽했으면 "넌 책도 좀 더 읽고 되도록 매체 앞에서 길게 말하지 마라!"라고까지 했을까?

이러한 대필 작업은 대상과 인터뷰도 하지만 그의 가족, 그의 친구를 비롯한 예전 은사와 주변 인물들까지 취재한다. 사람의 뇌가 단순하다는 게, '잊고 싶은 기억은 잊는다'는 것이고, '책을 내는 유명인'에게선 좀체 '감동 거리'가 쉽게 나오지 않기 때문이다. 그러면서 대필 작가 중에는 대필 작업을 포기하는 경우도 잦다. 자기가 도저히 책을 써주고 싶은 마음이 안 든다는 게 이유이다.

유명인의 책, 기획부터 출간까지 연결 고리는 어떻게?

유명인과 대필 작가 그리고 유명인의 책으로 출간해서 돈을 벌고자 하는 출판사의 연결 고리가 이어진다. 모 출판사 사장은 직접 섭외가 어려운 경우 대필 작가에게 대놓고 "모 연예인 책 섭외해오면 얼마 주겠다."라고도 얘기한다. 연예인은 인터뷰를 해주고 자기 이름으로 책이 나오는데도 인세를 부르고 돈을 요구한다.

보통 1,000만 원을 요구하고, 경우에 따라 책으로 달라는 조건도 붙는다. 책을 받아서 직접 홍보용으로 배포하려는 경우가 대부분이다. 유명인 책을 내는 출판사 입장에선 초판 부수 소진에 안정성이 도모되는 유명인 책을 선호한다.

출판사 이름이 알려진 경우, 유명인 책을 내는 레벨도 높아진다. 출판사 급에 맞게 유명인급도 조정되는 것이다. '출판사' 입장에선 거래처와 독자들에게 유명인의 책을 낸 어느 어느 출판사라고 인지도가 생기고, 다른 책을 낼 때도 도움을 받는다.

'유명인' 입장에선 마찬가지로 유명한 출판사와 책을 내려고 한다. 자신의 '급' 정도면 어느 정도 규모가 되는 출판사에서 내야 한다는 심리적 압박도 작용하게 된다.

'대필 작가'로선 솔직히 힘이 없다. 출판사에서 대필 작업 의뢰를 받는 것이 기쁘고, 유명인과 인터뷰 작업을 한다는 게 기쁘기도 하다. 사회적 약자로서 '선택'을 받는 입장이기 때문에 감내해야 할 조건인 셈이다.

대필 작가들이 유명인의 책에서 이름이 거론되기 시작한 것은 '독자들의 영리함'에서 도움을 받은 점이 크다. 출판계에서 촉발된 '유명인 저자의 진정성'이 '사회적 진실성'과 연결되어 '거짓'이 거부되는 사회가 되었기 때문이다.

[책]과 [영화]의 내용을 미리 알아버리고 다른 이에게도 전파하는 '스포일러'란 존재, 이 대상을 사업화할 수는 없을까? '스포일러'가 존재한다는 이유는 '수요'가 있기 때문이다. 수요가 있다면 사업이 된다.

'책' 정보 알려 주기

연예인의 이름이 붙어 잘 팔리는 책, 그렇지 않고 필자의 힘만으로 독자들에게 호응을 받는 책 등 베스트셀러엔 나름의 이유가 많다. 베스트셀러를 읽고 사업자만의 기준으로 분석하는 힘을 길러야 한다.

신간 정보 훑어보기 사업을 시작하면, 제휴 출판사도 만들어야 하고, 홍보 도서를 목록화해서 저자와 도서명을 업무상 찾아보는 데 도움되도록 자료화해야 한다. 신간 정보 사이트를 운영할 경우, 게시판별로 회원에게 일정 수익을 나누고 회원들의 신간 평을 위주로 운영하며 투명성과 공정성을 담보하는 것도 방법이다.

온라인 서점에서 운영하는 '독자 후기'와는 달라야 한다. 독자로서 미리 읽어본 책에 대해 개인 성적 등급인 별점 주는 데 그치고, 책을 읽은 후기가 많아야 구매욕이 일어난다는 그런 거 말고, 전문가적 신간 평을 담아야 한다. 출판사들의 보도 자료와 저자 인터뷰도 첨가하자.

영화 정보 알려주기

현재 개봉 상영 중인 영화를 감상하고 감상평을 올린다. 되도록 개봉 시기에 맞춰 빠르게 감상평을 올리는 게 좋다. 이 경우 데이트 영화, 남자 공포 영화, 재미있는 영화, 재미 요소, 단점을 적어라. 스포일러란 영화 줄거리 등을 미리 공개하여 재미를 반감시키는 자를 말하는 것 아닌가? 되도록 자세하게 영화를 안 보더라도 본 것처럼 느낄 수 있도록 상세하게 적는다.

영화를 본 감상평이 어느 정도 누적되면 자연스럽게 인터넷 포털 사이트에 자동 검색 횟수가 늘어나면서 내가 만든 사이트(혹은, 카페, 블로그)에 방문자 수가 늘어난다. 영화를 제작하는 입장에선 개봉 시기에 맞물려 대대적인 홍보를 하게 되는데 덩달아 그들이 내 사이트까지 홍보해주는 효과가 된다. 뛰는 자 위에 업혀가는 즐거움이 스포일러 사이트이다.

스포일러 사이트에 대한 사람들의 인지도가 높아진다면, 다음 작업으로 기자를 섭외하자. 인터넷 기자를 통해 영화 기사를 대신 써주는 식으로 제휴 조건을 맺은 뒤 기자 시사회에 참석하라. 기자 시사회는 개봉 영화 조조할인보다도 훨씬 저렴한, 차비 정도만 내면 되는 영화 감상이다.

매주 토요일이면 다음 주 영화 시사회 일정이 쌓이는 기자 입장에서 어느 영화는 가고 어느 영화는 안 가볼 수도 없고, 영화 담당 기자가 아니라면 취재할 시간이 항상 부족하기 마련이다. 따라서 제휴를 희망하는 영화 감상 매니아가 있다면 싫어하지 않는다.

'책' 또는 '영화' 스포일링 사이트를 이용하려는 회비는 1년에 1만 원 정도로 저렴해야 하되, 수익 목표치는 1주일에 3명을 유료 회원으로 가입시키겠다는 목표를 세우고, 한 달에 12만 원으로 처음 1년간 매월 회비 내는 유료 회원 12명을 확보해야 한다. 매월 12명씩 1년에 144명 유료 회원을 확보한다면 일단, 비용 대비 손익분기점은 맞춘다.

스포일러 사이트 일 평균 방문자 수 대비 1%를 수익 회원이라고 하면, 한 달에 1,200명 방문자가 와야 하고, 이는 포털 사이트를 활용한 수익 카페일 경우 어려운 방문자 수 확보가 아니다. 영화 사이트의 '왕비호'가 탄생하는 셈이다. 세상은 먹고 먹히는 『톰과 제리』 스타일의 구조로 이뤄진다.

착각도 돈이다

다이어트 매니저, 플러스 매니저

사람들은 '착각하지 마.'라고 이야기한다.

헛된 생각 하지 말고 올바른 생각, 합리적인 판단을 하라는 의미다.

그런데 생각해보자.

'착각하지 마.'라는 이야기는 '착각'이 일상적으로 반복된다는 의미이기도 하다.

이 경우,

착각하지 않는 사람들을 대상으로 사업하는 게 좋을까?

착각하는 사람들을 대상으로 사업하는 게 좋을까?

사업은 수요가 있는 곳에서 시작된다.

착각하지 않는 사람보다 착각하는 사람이 많다면?

사업은 착각하는 사람들을 대상으로 시작하는 게 성공 가능성이 높다.

착각에 관해 이야기해보자.

먼저, 뭐라도 하여튼 창업하려면 그리고 성공하려면 부모 돈은 내 돈이란 착각을 버려야 한다. 돈만 많으면 다 된다는 착각도 버려야 한다.

칼 마르크스는 다음과 같이 말했다.

"내가 못생겼더라도 아름다운 부인을 얻을 수 있다. 나는 못생긴 사람이 아니다. 왜냐하면, 돈이 나를 미남으로 만들어 줄 수 있기 때문이다. 앉은뱅이도 돈이 있으면 24개의 다리를 가질 수 있다. 내가 사악하고 한심하며 양심이 없더라도 내가 가진 돈은 사람들이 나를 존경하도록 만들 수 있다."

바바라 월터스(Barbara Walters)는 CNN의 사장 테드 테너(Ted Turner)에게 물었다.

"당신같이 엄청난 부자가 된다면 어떤 기분일까요?"

테너는 대답했다.

"종이봉투 같다는 느낌입니다. 사람들이 모두 갖고 싶어 하는 그 봉투를 실제로 갖게 된다면 그 안에 아무것도 없다는 사실을 깨닫게 될 것입니다."

솔로몬의 동굴이 발견되었다는 기사가 화제가 된 적이 있다.

알려지는바, 솔로몬의 컵은 순금이었고 상아로 만든 침대에서 잠을 잤으며 궁전도 금으로 치장되었다고 한다. 그만큼 솔로몬은 누구와도 비교할 수 없을 정도로 부자였다고 전한다.

솔로몬은 이 세상 최고의 부자였지만 그의 말엔 집중하는 사람은 별로 없다. 지금껏 존재했던 최고의 부자가 '돈'에 대해 이야기한 것은 이렇다.

"재산이 더하면 먹는 자도 더하니 그 소유주가 눈으로 보는 외에 무엇이 유익하랴. (전5:11)"

테드 터너와 솔로몬이 한 말뜻을 이해할 수 있을까? 결국, '돈'이란 소유함에 있는 것이 아니라 주위 사람들과 '나누는 것'이라는 점이다.

성경 「누가복음」 12장에서 말하는 부자는 수확이 많았음에도 타인에게 베푸는 대신 자기 자신을 위해 더 큰 곳간을 지으려고 했는데, 예수님은 그에게 "자기를 위하여 재물을 쌓아 두고 하나님께 대하여 부요치 못한 자."라고 말씀하셨다.

돈을 더 가질수록 사람은 착각한다.

자기가 돈을 벌었고, 자기를 위해 더 벌어야 한다고 생각한다. 자기는 아직 돈이 부족하며 부족한 돈을 채우려면 다른 이가 돈을 더 쓰게 만들어야 한다고 생각한다. 사업가와 구두쇠는 그래서 구분 방법이 달라야 한다. 사업가는 다른 사람을 살리기 위해 돈을 벌고 절약하는 반면 구두쇠는 자기 자신을 위해 돈을 안 쓰고 더 아낀다.

엄밀히 생각하면 내가 번 돈은 내가 번 게 아니라 다른 사람이 내게 준 돈이다. '돈'에 대한 사람의 착각이 바로 이 부분이다. 내가 벌었다고 생각한 돈, 그러나 '벌었다.'라는 건 결국 다른 이가 내게 준 돈이다. 그래서 구두쇠라고 하면 사람들이 지탄하는 이유도 된다.

돈뿐만 아니라 여러 면에서 사람들은 착각하는데, 이런 사람의 '착각'을 이용한 사업이 많다. 가령, 마케팅 용어 중에 '충동구매'란 것도 '저 물건은 내게 필요한 물건이야.'라는 '착각' 때문에 생긴 말이다. 사람의 충동구매라는 착각을 이용해 각 쇼핑 매장에서는 계산대 앞까지 상품을 비치해 둔다.

대형 매장에 가면 출입구 앞에 대형 상품이 보인다. 자전거도 있고, 이불, 가전 집기 등이 있다. 그러나 상품 쇼핑을 마치고 계산대로 돌아오면 껌, 초콜릿 같은 작은 상품들이 놓였다. 쇼핑한 상품을 계산하고 잔돈이 남는 고객을 향해 '조금 더 사 달라'는 유혹이기도 하지만, 쇼핑하느라 힘들었을 고객을 위해 돌아가는 길에, 운전하느라 심심할 때 간식거리로 사라는 요구이기도 하다.

다이어트 매니저, 플러스 매니저

여자와 남자의 기본적인 생각의 착각도 있다.

여자는 자기가 남들보다 뚱뚱하다고 착각하고, 남자는 자기가 잘 생겼다고 착각한다. 여자의 착각으로 다이어트 사업이 나오는 반면 남자의 착각으로 남자가 주관적으로 경영하는 사업은 잘 안 된다. 남자는 자기 판단을 믿을 때가 많기 때문이다.

'돈'이 될 가능성이 높은 여자의 착각을 집중 공략한 사업은 성공할 가능성이 높은 편이다. 대표적인 게 있다면 여자 스스로 자기 자신은 비만이라고 생각한다는 것과 자기에게 잘해주는 사람이 자기한테 관심 있는 줄 안다는 착각도 있다.

비만이라고 생각하는 여자의 착각을 이용해서 '다이어트' 사업이 잘되고, 여자에게 잘해주는 사람이 자기에게 관심 있는 줄 아는 생각 덕에 '화장품' 사업이 잘된다. '화장'이 이상해서 말 거는 것도 자기에게 관심 있어서인 줄 알고 착각한다는 웃지 못 할 사연도 있긴 하지만 말이다. 여자의 착각으로 사업하려는 사람은 여자의 착각을 깨면 안 된다. 다시 말하면 여자의 행복을 깨면 안 된다.

성형외과 상담 직원들이 예쁜 이유는 환자들, 때론 보통 이상의 여자들도 수술하면 예쁠 수 있다며 그들에게 환상을 주는 것이다. '내가 근무하는 병원에서 수술하면 나처럼 예뻐질 수 있다.'라는 착각을 준다.

이렇듯, 여자의 착각 가운데 '비만'에 대한 착각을 활용한 다이어트 사업을 시작하자. 일명 '여자의 다이어트 점검사(다이어트 매니저)' 사업이라고 부르는데, 여자는 혼자 뭘 결정하면 흔들리고 쉽게 포기하는 경우가 많아서 이를 막아주는 개인 헬스 매니저인 셈이다. 즉, 다이어트 매니저이다.

국내 다이어트 시장의 소비자층인 비만 인구도를 보면 2005년 국민 영양 건강 조사 결과, 비만율(20세 이상)은 전체 31.8%로 남자 32.5%, 여자 28.3%로 나타났다. 남자는 40대와 50대에서 가장 높았고 여자는 50대와 60대에서 높게 나타났다.

인구 5천만 명을 감안할 때, 비만 인구가 무려 1천500만 명에 육박한다는 조사 결과다. 삼성 경제 연구소 자료에 따르면 다이어트 시장 전체 규모는 2001년 말 1조 원을 돌파했고, 매년 40%가량 성장하면서 2003년에 2조 원 돌파, 2008년 기준 3조 원에 달하고 필자가 보기엔 2018년 기준 5조 원을 넘는 것으로 추산한다.

그리고 다이어트 산업 가운데 비중이 높은 분야는 '식품'으로서 미국에서는 50조 원의 시장 규모이며 중국은 1조 2천억 원대의 규모이다. 한국의 경우 약 2천억 원 정도의 시장 규모로 분석된다.

그런데 다이어트를 하려는 여자들은 대부분 '자기 의지'를 이기지 못해 실패한다. 안 먹고 운동하고 몸을 고달프게 하면 살이 빠지기 마련인데, '귀찮아서, 힘들어서, 그냥 먹고 싶은 대로 먹고살려고' 중간에 포기하기도 한다.

결국, 손쉽게 살을 뺄 수 있다는 유혹에 흔들려 다이어트 식품에 손대게 된다는 게 여자들의 공통된 의견이다.

그리고 다이어트 사업이 돈 되는 아이템이라고 생각을 해도 적은 자본으로 시작할 만한 아이템은 별로 없다. 식품을 만들더라도 팔아야 하고, 유통해야 할 인력이 필요하다. 매스컴에서 자주 보이는 전화 상담원을 통한 판매는 부작용 및 반품의 경우가 많아서 처음 사업할 단계에는 사업자가 직원인 동시에 사장이기도 한 '나 홀로 창업족'에게는 어울리지 않는다.

다이어트 사업은 큰돈 들여 해야만 할 수 있는 사업인가?

꼭 그렇지만은 않다. 현재 다이어트 사업 시장 구조를 보면 다이어트 식품, 다이어트 시술, 운동, 다이어트 책자, 다이어트 비디오 등으로 나뉜다. 다이어트 상품과 다이어트를 원하는 소비자가 있는데, 그 사이를 연결할 '전문 상담사' 역할이 없다. 바로 여기에 소자본으로 아이템화할 수 있는 관련 분야가 하나 추가되는데, 그게 바로 '다이어트 프라이빗 매니저'다.

다이어트 매니저는 다이어트 식품 및 운동 방법, 신체 영양 기준 등에 대해서도 지식이 필요하다. 다이어트를 하고자 하는데 개인 의지력이 약한 소비자에게 필요한 사업이다. 다이어트 식품과 영양 기준에 대해 조언하고, 다이어트 도전자가 포기하지 않도록 적절한 관심과 용기를 주는 역할이다.

다이어트 매니저는 여성에게 어울리는 사업이다.

같은 여성으로서 고민에 대해서, 신체 상태에 대해서 가감 없이 얘기하고 의견 나눌 수 있는 역할이어야 하기 때문이다. 다이어트 매니저 사업은 첫 단계부터 인터넷 커뮤니티를 활용, 카페와 블로그를 통해 다이어트 정보를 올리기 시작하면서 시작한다.

그리고 다이어트 식품 회사, 다이어트 용구 회사, 다이어트 운동 체육관, 다이어트 정보 회사와 제휴를 맺고 각각의 상품에 대해 자세한 정보를 얻어서 자기 나름대로 요약 자료를 챙겨야 한다. 다이어트 매니저는 다이어트를 하려는 사람들에게 올바른 영양 정보와 도구 정보, 운동 정보를 제공해야 하기 때문이다.

따라서 다이어트 매니저는 인터넷을 통해 회원을 모집하고 정기적인 설명회를 열어 이미지 관리부터 자기 브랜드를 체계화하는 업무가 중요하다. 사업 초기 단계에선 사업자 혼자 프리랜서 개념으로 먼저 시작하고, 회원이 늘어갈수록 프리랜서와 직원을 고용해서 확대하는 게 좋다.

　그리고 스스로 잘생겼다고 생각하는 남자들의 착각을 아이템으로 삼는 창업은 남자를 위한 '플러스 매니저'가 있다. 남자의 장점을 살려주고 극대화해서 매력을 더욱 드러나게 해주는 어드바이저인 셈이다.

　플러스 매니저는 월 회비제로 운영되며 멤버십으로 남자 회원들을 관리하게 된다. 인터넷 카페나 커뮤니티 또는 단체 톡방이나 메신저 대화 채팅을 이용할 수 있다. 어드바이저는 남자 고객의 궁금증을 받고 거기에 대해 응대를 한다. 가령, 오늘 무슨 옷 입을지, 여자 친구를 만나서 어디를 가야 할지, 여자가 좋아하는 게 무엇인지, 요즘 유행하는 패션 스타일이 뭔지 등이다.

정보를 전달합니다

쇼핑 본능을 자극하는 쇼핑 큐레이터

남자와 여자가 만난다.

남자는 한눈에 사랑에 빠졌지만, 여자는 오래도록 지켜보고 마음을 열었다.

남자는 쇼핑을 하기 전에 살 것만 사려고 마음먹는다.

여자는 쇼핑하면서 집에 있는 것과 어울리는지 생각하고 또 생각한다.

그렇다면 생각해보자.

남자에겐 보기 좋은 것을 홍보하고,

여자에겐 상품 상세 설명을 미리 충분히 제공하면 어떨까?

여자의 정보력이 미치지 못하는 곳까지 챙겨주는 서비스

여자의 판단을 돕는 정보가 사업이 된다.

정보가 사업이 되는 시대에 살고 있다.

일례로 음식 프로그램, 맛집 정보 프로그램, 먹방이 유행하는 시대!

이렇게 많은 인터넷 정보 공유 시대에 정보 전달 사업이라니?

시대에 뒤떨어져도 한참 뒤떨어졌다?

아니다.

인터넷 정보는 한쪽으로 치우치는 쏠림 현상이 심하고, 자세히 보면 평범하면서 내용을 순서만 바꾼 채 가공한 뒤, 특별한 척하는 일반화된 정보가 무수히 존재한다. 인터넷에서 정보의 공유가 이뤄지는 이면에도 고유하면서 차별화된 정보는 부족하다. 인터넷에서 미디어, 뉴스 정보가 돈이 되는 이유가 바로 그렇다. 무수히 많은 정보 속에도 소비자가 원하는 가치가 있는 정보가 돈이 된다는 의미이다. 여기서 말하는 소비자는 '정보 소비자'를 말한다.

특히, 소수의 한정된 이용자가 즐기는 증권가 지라시 정보는 어느 연예인을 죽음으로 몰고 갈 정도로 그 파워가 세다. 정보의 힘이 생명까지 좌우하게 되는 세상이다.

지난 2010년 전후, 광우병 우려 외국산 쇠고기 영양 성분 조사에서 단백질 함량을 높게 만들어준다는 이유로 어린이 분유에 들어간 멜라민 등 소비자가 안심할 수 없는 사건이 팍팍 터진다. 이에 대해 똑똑한 소비자라고 자부했던 인터넷 정보검색

사들이 우려한다.

텃밭 가꾸기가 유행하고 직접 키운 쇠고기, 돼지고기, 닭고기를 찾는다. 쇠고기를 먹으려면 외양간 가진 농가를 직접 찾아가 살펴보고 잡아먹어야 한다는 소리도 나온다.

그래서 먹거리가 많을수록 상품에 대한 소비자들의 불신 시대에 필요한 창업, 쇼핑 큐레이터가 필요하다. 상품 정보 불신 시대에 올바른 쇼핑 정보를 제공하는 전문 분야이다. 쇼핑큐레이터는 상품 정보를 고객에게 제공하는 사람이고, 상품 정보를 고객에게 전달하는 정보 서비스 사업을 '쇼핑 큐레이팅'이라고 정의한다.

"TV를 보다가 드라마에 나온 여성이 입은 옷을 사고 싶은데 어느 브랜드인지, 어디서 파는지 모르겠어요!"

여자라면 누구나 한 번쯤 가졌을 만한 궁금증이다. 사고 싶은 물건이 있는데 어디서 파는지 모른다. 이때처럼 답답한 적도 없는데, 답답한 소비자를 위해 쇼핑 큐레이터가 문제 해결에 나서게 된다.

일전에 대형 쇼핑몰에서 벌어진 이용자 개인정보 유출 사건에 대해 쇼핑객들의 발걸음이 더욱 조심스러운 행보를 보였다. 물건을 사기 위해 주의하는 초유의 사태가 벌어진 것인데, 덕분에

⑦ 인터넷 쇼핑몰 매출은 급락했고, 더불어 오프라인 매장 상품은 초저가에 특가까지 더해 한없이 아래로 곤두박질치지만 닫힌 쇼핑객들의 지갑은 쉽게 열리지 않았다.

일부 쇼핑객은 해외 현지로 여행 삼아 쇼핑하러 다니기도 하고, 그동안 쇼핑해온 상품을 가지고 있는 물건 다시 섞어 쓰는 코디에 매달려 새로운 자기 스타일 연출에 바쁜 상황이다. 업체들의 디자인 옮기기, 베끼기에 싫증 난 소비자들이 인터넷 쇼핑몰에서의 자기 정보 도난 및 멜라민 등의 믿지 못할 상품들 때문에 판매 가격 한두 푼에 쇼핑을 서두르기보단 자기에게 맞는 맞춤형 쇼핑을 즐기는 시대가 된 것이다.

쇼핑 본능을 자극하는 쇼핑 큐레이터

쇼핑 큐레이터가 뜨고 있다.

소비자들이 '프로컨슈머(쇼핑에 대해선 상품 판매자보다도 전문적인 지식을 갖춘 소비자)'로 등장하면서 상품 판매자들은 일반 소비자를 위한 상품 판매가 더욱 어려워지고 마케팅 전략 수립에 바쁜 반면 소비자들은 자기에게 맞는 특화 상품을 찾기에 또 바쁘다.

쏟아지는 신상품 앞에서 어느 상품을 사야 할지 고민이 된다. 성능을 알기도 어렵고 전문 용어라서 이해하기도 어렵다. 단순한 착각의 문제가 아니다. 이건 프로페셔널해야 한다. 어떻게 해야 할까? 필요가 있는 곳에 공급이 간다!

이때 미술관 전시 기획자를 뜻하는 큐레이터란 용어가 쇼핑 분야에도 등장, '쇼핑'을 하나의 전문 분야로 승격시키는 데 앞장서는 상황이다.

쇼핑 큐레이터가 하는 일은 쇼핑을 원하는 상품 소비자들을 위해 소비자가 원하는 상품이 있는 곳, 파는 곳, 합리적인 가격인 곳을 숙지해두고 가이드 역할을 하는 것이다. 쇼핑 큐레이터는 상품의 가격 비교에서 한 걸음 더 나아가 상품의 품질, 역사, 제조사의 생산 상황, 상품의 안전성 등에 대해 포괄적인 지식을 습득해야 한다.

개인 금융 자산 관리를 위한 PB,
결혼 준비를 돕는 웨딩 컨설턴트,
쇼핑을 돕는 쇼핑 큐레이터!

쇼핑 큐레이터는 인력 수요가 증대되는 현재 상황에 비해, 전문 교육 기관이 전무한 상황이고, 관련 책자도 찾아보기 어렵다. 그러나 온라인 쇼핑몰, 백화점 등의 유통 회사에서 고객을 위한 쇼핑 서비스를 확대하면서 VVIP 회원을 특별 관리하는 등 쇼핑 큐레이터를 뽑는 채용 수요가 늘어나고 혼수품 시장과 기타 쇼핑 현장에 필요한 '쇼핑 가이드' 등장이 예견되면서 쇼핑 큐레이터의 급성장이 예견된다.

쇼핑 세계의 전문 직종인 쇼핑 큐레이터는 온·오프라인 쇼핑 마켓에 대해 전반적인 사항을 숙지해야 하고, 상품별 생산과 유통 과정에 대한 이해가 필요하다.

온라인 쇼핑몰의 머천다이저(MD)는 상품 기획, 유통 및 마케팅 전개, 수익 분석까지 해야 한다면 '쇼핑 큐레이터'는 상품을 구매하려는 소비자가 원하는 상품에 대해 어떻게 만들어지며, 어디서 팔며, 어떤 기능이 장단점인지 관련 상품에 대해서도 속칭 '빠삭하게' 알아둬야 한다.

쇼핑 큐레이터의 수익은 쇼핑 금액의 5% 정도인데, 월 고정급으로 활동하는 경우도 있다. 아직 전문직 초창기라서 활동하는 사람도 거의 없다 보니 미취업자 400만 명 시대에 도전해봄 직한 신직종 중 하나이다.

쇼핑 큐레이터 양성 사업을 시작하자.

이 사업은 학원 강의와 파견 사업으로 이뤄지는데 처음엔 사업자가 직접 참여해도 되고, 쇼핑에 대해 무지한 경우라면 온라인 쇼핑몰 상품팀장 등을 섭외, 프리랜서 계약으로 진행하여도 된다.

쇼핑 큐레이터 양성 사업 외에 쇼핑 큐레이팅 사업이란 사업자가 초창기 각 제조사 생산지 부서 책임자를 영입, 특정 상품에 대한 전문 정보 제공 서비스 사업으로 시작한다.

예를 들어 텔레비전을 사려는 고객이 있을 경우 소비자는 인터넷을 살펴보고, 백화점에도 가보고, 대형 할인 마트 가격부터 디자인을 포함한 성능을 조사하고 결정하게 된다. 그러나 구매 단계에 가서도 막상 돈을 내기 조심스러워 한다. 자기가 고민하는 동안 새로운 신상품이 나올 경우 다시 조사해서 더 좋은 상품을 사야 하는 건 아닌지 걱정되기 때문이다.

이때, 쇼핑 큐레이팅 사업은 소비자에게 텔레비전에 대한 모든 정보를 제공한다. 이에 대해 소비자는 쇼핑 큐레이팅 사업자에게 돈을 낸다. 자기가 써야 할 시간과 돈을 절약할 수 있기 때문이다. 그리고 사려던 텔레비전 상품에 대해 업체별 성능과 가격 대비 디자인 기능성까지 속칭 '빠삭하게' 설명해주는 쇼핑 큐레이팅 업체를 신뢰할 수밖에 없다.

쇼핑 큐레이팅 사업은 쇼핑해야 하는 고객에게 원하는 상품에 대한 자세한 정보를 제공하는 정보 서비스 사업이다. 쇼핑 큐레이팅 사업을 영위하며 직접 상담역으로 활동하는 사람을 쇼핑 큐레이터라고 부르며 소비자의 쇼핑 습관이 고급화, 전문화될수록 쇼핑 큐레이터 분야의 전망도 매우 밝다.

미국에서는 로비 업무가 합법이다.

기업을 대신하여 정치인들에게 관련 입법을 청원한다.

기업을 대신하여 각종 업무를 대신하기도 한다.

한편으론 그런 생각을 했다.

미국에서 합법인 로비 업무,

한국에서 합법적 사업이 되려면?

미국식 로비 업무는 불가능할 것이지만, 그 주체가 기업이 아닌 사람이라면?

사람과 사람 사이에서 가능한 주선 업무 아닐까?

이 아이템은 사람 만나기 좋아하는 사람들이 제대로 해낼 사업이다.

주변을 보자.

좋은 남자 친구 만나고 싶어요.

예쁜 여자 친구 만나고 싶어요.

누군가를 만나겠다는 사람들이 많다. 사람들은 만남을 통해 살아간다. 아이는 부모를 만나고, 사업가는 투자자를 만나고, 학생은 선생을 만난다. 소비자는 생산자와 판매자를 만난다. 국민은 대통령을 만나고, 정치인은 유권자를 만난다. 상품은 소비자를 만난다. 이 세상 모든 것은 '만남'을 통해 이뤄진다.

사업가는 좋은 아이템을 만나고 싶어 하고, 장사꾼은 좋은 손님을 만나고 싶어 한다. 학생은 좋은 선생님을 만나고 싶어 하고, 국민은 좋은 정치인을 만나고 싶어 한다. 영화 제작자는 좋은 감독, 좋은 배우를 찾고 가요 제작자는 좋은 가수를 찾는다. 회사를 경영하는 대표이사는 좋은 직원을 찾는다.

사람들은 저마다 좋은 사람을 만나기 위해 노력하며, 그 만남을 연결하는 곳에 좋은 사업 아이템이 있다. 좋은 직원을 소개하는 헤드헌팅 사업과 취업 사이트가 있고, 장사꾼과 좋은 손님 사이를 유통 업체가 연결하며 돈을 번다. 영화 제작자와 좋은 감독, 좋은 배우 사이엔 영화 기획사가 자리 잡고 돈을 번다.

만남 사이엔 돈이 흐르는 것이다.

커플 매니지먼트 사업

"누구는 누군가를 만나고 싶어 한다."란 말은 필자의 주변에도 있다.

강남에 살던 여자 이야기이다. 매일 밤이면 카페에 나가 남자들과 만남을 갖는 여자였는데, 복잡한 가정사 이야기는 그만두더라도 어머니가 일찍 돌아가시고 이 여자 친구는 자기 삶을 개척하는 중이었다.

이때, 이 여자 친구의 이야기를 듣고 퍼뜩 정신이 든 적이 있다.

"좋은 남자 만나게 하는 모임 사업하면 대박일 걸? 나도 가입할게."

자기 인생을 준비하지 못한 사람은 어느 순간 자기가 나이 들었다는 걸 깨닫는 순간 당황하게 되고 무력감에 빠지게 된다. 성공의 길을 걷던 사람이 정상에 섰을 때 만족감은 잠시, 더는 이겨내야 할 도전 과제가 없다는 걸 알면 공허함에 빠지게 된다.

바쁘게 살아가는 현대인들은 이런 문제를 안고 살아가는 시한폭탄과도 같은데, 이들을 위한 만남 맺어주기 사업이 좋다.

이른바, 회비제 커플 매니지먼트 사업이다. 기존 업체들은 회비를 받고 접수 회원끼리 연결해주는 사업인 반면에 신규 아이템은 어느 한쪽의 회원만 있으면 바로 이성상을 찾아 연결하는 방식이라고 봐야 한다.

가령 A 씨가 S대 출신 남자로 20대 후반에 군대 다녀온 사람을 만나고 싶다면 그 대학으로 가서 실재 인물을 찾는 방식이다. 만남과 파티를 통한 인연은 그 파티조차 모르는 이들에겐 허무한 소식일 뿐이다. 구체적인 만남 주선 메신저가 필요한 것이다. 앞서 커플 매니저들이 중계하던 만남 사업은 고액의 회비를 내고 회원으로 가입한 청춘남녀를 연결해주는 소극적 중계 사업이었다면 여기서 소개하는 '커플 매니지먼트' 사업은 어느 한쪽의 회원에게 회원 가입과 이성상을 접수받으면 직접 찾아 나서는 '적극적 중계' 사업이다. 물론 개개인의 신상 정보는 계약 시점부터 엄격하게 비밀 유지가 된다는 점을 재확인받도록 하는 게 중요하다.

회비는 월 얼마로 기존 결혼 대행업체보다 훨씬 저렴하게, 회원에게 수수료를 받는 시점은 접수 신청 시 50%를 받고, 회원에게 소개해 줄 만한 적임자를 찾아서 주선한 미팅 첫 자리에서 잔금을 받는다.

양쪽에게 다 공개하고 주선하는 건데, 소개팅의 사업화 방법이다. 우연을 필연으로 믿는 젊은이가 사라진 요즘, 덜 낭만적인 아이템이긴 하지만 자신의 인생을 제대로 보상받고 싶어 하는 사람들을 위한 방법이기도 하다.

부드러운 대화가
돈이 된다

해고 대행 서비스

대화를 부드럽게 할 수 있다는 것은 장점이다.

상대의 마음을 사로잡는 대화력은 사회생활에서 성공의 디딤돌이 되기도 한다.

한 회사의 경우를 생각해보자.

입사 면접이란 과정을 거친다. 면접관과 입사 지원자가 만나서 대화한다.

면접을 통과한 사람은 회사 명찰을 달게 된다.

그런 생각이 들었다.

'퇴사할 때는? 해고할 때는?'

입사할 때 거치는 면접, 퇴사하거나 해고할 때는 왜 없을까?

퇴사 면접, 해고 면접의 필요성을 생각하는 순간, 새로운 사업이 등장한다.

대학교에 다니던 무렵 여름방학을 이용하여 잡지사에 들어갔다. 잠시도 쉬지 않는 성격 탓에 평상시엔 토요일과 주일을 이용한 아르바이트 활동을 하고 방학을 하면 2~3개월간 돈 벌 수 있는 회사를 찾아 아르바이트했다.

월간 M 모 잡지에서 시작한 기사 편집 및 자료 스크랩 아르바이트 사원 시절 목격한 회사 내 직원과 사장 간의 다툼이 있었다. 사장은 관련 직원들을 다 해고한다고 했고, 해당 직원들은 부당 해고라며 사장에게 맞서는 모습이 낯설었다.

사장과 대드는 직원들. 평소 화기애애하고 살갑고 정겹던 회사의 모습과 다르게 서로 으르렁거리며 싸우는 낯선 풍경이다.

사연을 알아본즉, 연예계 잡지인 탓에 평소 사진을 촬영하는 날이 많은 회사 분위기상 그날따라 필름이 남은 사진기가 있어서 직원들이 회사 내에서 사진을 찍었다고 한다. 몇몇 직원들은 별의별 폼을 잡고 사진을 찍어댔는데, 이를 나중에 우연히 사진을 발견한 사장이 해당 직원을 불러놓고 질책을 한 것이었다.

게다가 직원들은 사진 현상비조차 회사 공금으로 내게끔 해서 사장은 더 화가 났던 일이었는데, 결국 직원들은 집단 사표 내고 나갔고 자신들이 다니던 회사 근처에서 업종이 같은 회사를 차렸다.

그 위치가 서울 강남구 신사동 먹자골목 근처였는데 자신들이 다니던 회사와 비슷한 업무를 하는 사업을 하기로 하면서 전 직장 대표와 대립각을 세웠던 것이다. 회사 사장은 직원들을 해고하려 했고, 직원들은 자진 사퇴 형식을 빌어 자발적으로 퇴사했다.

비슷한 사례가 있다.

모 업체의 직원 채용 결과를 통해 본 '인재' 관리의 문제점으로 회사가 문 닫은 경우다. 새로운 패션 브랜드 콘셉트로 불황인 의류 경기에서도 업계 선두를 지키며 최고의 수익률을 기록하던 D 업체. D 업체 사장의 부친은 원단업으로 한국에서도 꽤 돈을 번 상인이었다. 부친의 원단 지식과 아들의 새로운 경영 마인드가 조화되어 D 업체는 하루가 다르게 성공을 거듭하고 있었다.

D 업체 사장은 확장되는 사업 때문에 직원 채용은 수시 채용으로 하고, 계속 회사를 확장했다. 하루가 다르게 직원이 늘어서 거의 1백여 명에 육박할 정도로 성장했다. 회사 건물도 짓고, 물류창고도 짓고 직원도 계속 늘었다.

D 업체에서는 직원 채용 시 반드시 사장이 참석하여 최종 면접을 봤다. 전 직원이 회사 가족이라는 가치를 부여하기 위해 사장 이하 모든 직원이 가능한 면접에 모두 참여했다. 1998년

지금 당장 시작할 수 있는

이후 불어 닥친 동대문 시장 활성기에는 하루에도 수천만 원을 버는 경우가 속출했다. 더구나 쏟아지는 주문으로 인해 며칠 밤을 새우면서 작업에 매달려야 할 정도로 일감이 넘쳤다. 디자이너만 10여 명, 공장 직원들까지 합하면 직원 수가 이제 너무 많을 성싶기도 했다. 하지만 당시 옷 장사 경기는 영원토록 하늘 높은 줄 모를 것 같았다.

IMF 시대에도 나랏돈을 써야 하는 대기업들이 어려움을 겪은 것이지 서민을 대상으로 하는 중소업체들은 오히려 경기가 좋았다. D 업체도 동대문에서 시작했지만, 점차 백화점에서도 입점 제의를 받는 등 패션 전문 업체로 커 나가는 듯했다.

D 업체는 이미 신촌 대형 백화점에도 입점했고, 신촌역 지하철 출입구 가장 좋은 자리에 광고도 게재하는 등 의욕적으로 사업을 확장했다. 입주했던 건물에서는 한 층씩을 늘려서 7층 건물 한 동을 모두 사용해야 할 만큼 물량과 매출 규모가 컸다.

D 업체는 패션 시장에서 단독 유일무이한 기업이 아니었다는 사실에 문제가 있었다. D 업체의 성공을 본 경쟁 업체들이 하나 둘 시장에 뛰어들더니 이내 D 업체와 비슷한 의류 브랜드가 수없이 생겼다. 가격 경쟁도 심했다. D 업체에서 1,000원을 깎으면 다른 업체들은 2,000원을 깎았다.

D 업체의 사장은 동대문시장 출신 패션 기업이라는 자만심이 생긴 뒤였다. 초심을 잃지 말라는 사업 기본을 저버린 것. 직원들 관리에도 허점이 내포된 상태였고, 특히 생산 관리와 자금 부서 직원들은 이미 사장 능력 밖에 있었다. 하청 생산 업체로부터 뇌물을 받아야만 주문을 주기가 일쑤였고, 자금 담당자는 은행과 현금 지출 등을 교묘히 작업하여 회사 자금 상황 파악이 어렵게 만든 뒤였다.

생산팀과 자금팀.

D 업체 사장이 직접 면접 보고 뽑은 뒤 신임을 하고 중책을 맡겨둔 사람들이었다. 생산과 자금 담당자와 3인 회의를 할 정도로 깊이 신뢰하던 직원들에게 오히려 역공격을 받은 셈이었다. D 업체는 결국 부도를 맞았고, 부도액은 드러난 것만 10억 원이었다.

문제는 여기서 그치지 않았다.

D 업체의 국내 인지도를 본 외국 패션 기업으로부터 브랜드 도입 제안이 왔다. 계약금으로 3억 원, 1년 이내에 7억 원 포함하여 10억 원을 계약금으로 제시하는 거래 제의가 왔다. D 업체의 디자인을 중국 시장에 유통하겠다는 제안이었다. 해외영업부 담당 직원이 상담하고, 당시엔 부도 건으로 지방 도피 중인 사장 대신 회사 정리 업무를 진행 중이던 생산부장에게 보고했

지금 당장 시작할 수 있는

다. 위기의 회사가 다시 일어설 좋은 기회였다.

그러나 생산부장은 본 건을 사장에게 전달하지 않았다. 부하 직원의 보고를 받고 "현재 우리 회사 사정으로는 어려우니 없었던 일로 하자."라는 것이었다. 나중에 안 일이지만, 이미 생산부장 자신은 회사를 자기 것으로 만들 생각을 궁리 중이었다.

한술 더 떠서 생산부장과 자금팀장은 직원들로부터 위임장을 받아서 대표이사를 임금 체불 사업주로 검찰에 고소했다. 대표이사에게는 직원들 임금이 우선 채무이기 때문에 회사 잔여 재산에 가압류를 걸기 위해서는 임금 체불 건으로 고발을 해둬야 한다고 했다.

가족처럼 대하고 중책을 맡겼던 직원들이 일순간에 가족을 배신한 모양이 되어버렸다. 생산부장은 생산 공장과의 기존 거래 관계를 활용하여 회사를 삼키기 시작했다. 사업주를 바꾸고, 기존 사장에게 D 업체가 사용한 상표를 넘겨달라고 하기도 했다.

D 업체 사장은 이미 후회를 해도 늦었다.

생산부장은 회사를 자기 이름으로 만든 뒤 자기와 맞는 직원을 남기고 남은 직원들은 모두 해고 처리를 했다. 전도유망하던 의류 업체가 순식간에 내부의 직원에 의해 무너진 사건이었다.

해고 대행 서비스

성경책에는 예수님의 12제자 중 유다와 베드로가 예수님을 부정하고 배신하는 사건이 나온다. 세계 인류의 가장 큰 사랑의 하나님과 예수님조차 '인간'이라는 제자들로부터 '배신'을 당한 것처럼, 장사할 때는 계약 관계에서 칼같이 대하는 모진 마음이 필요하다.

'성인군자'는 사업을 하지 않는다.

대신 제자들이 찾아왔다가 깨달음을 얻은 뒤에 다시 돌아간다. 성인군자는 단지 무언의 깨달음을 전파하는 사람이다. '사업'은 돈에 대해 밝고 가장 현실적인 마음가짐이 필요하다. 단 한 푼이라도 수익을 내지 못하는 곳에는 쓰지 않겠다는 마음가짐. 수익을 보고 돈을 투자하더라도 '회수'를 위한 만반의 준비를 해두는 대비책 또한 준비할 줄 아는 사람이 사업하면 성공한다.

칼은 칼집에서 뺀 뒤 다시 넣을 때가 더 위험하다.

칼집에서 나온 상태라면 적군과 맞서 싸우는 것이고, 다시 칼집에 넣을 때라면 내 신체를 다치게 할 수 있기 때문이다. 옷 장사를 하면서도 칼을 칼집에 다시 넣을 때 다치는 경우가 수없이 많다.

'가족 같은 직원' 개념과는 다른 이야기이다.

C 회사는 영업력을 강화하고자 영업팀에 직원을 추가 채용하기로 했다. 신입 및 경력과 관계없이 회사를 위해 성심껏 같이 노력하고 일할 직원을 찾기로 했다. 수십 명의 면접을 보고 다시 이력서를 검토하던 중 어느 A라는 남자가 눈에 들어왔다.

해외 인터넷 쪽으로 소규모 무역을 하는 상황으로, 의류 영업 파트에서 일하겠다는 의욕이 강한 사람이었다. 더군다나 특수 부대 출신인 까닭인지 회사 조직 내에서 상하 위치를 깍듯하게 지키는 강직한 성품이 맘에 들었다.

A 직원은 첫 출근일부터 근무 태도가 달랐다.

C 회사의 특성상 여직원과 남직원 비율이 50:50 정도 되는 상황이었지만, 항상 남자 직원들에게는 깍듯하게 예의를 지켜나갔다. 반대로 여자 직원들에게는 상대적으로 남자 직원들에게 대하는 태도와는 달랐다. 입사 시기가 빠른 여자 직원들에게도 때로 업무 진행에서 '지시'를 내리는 듯한 말투로 인해 사소한 말다툼 또한 있었다. 여직원들 사이에서는 서서히 A 직원에 대한 반감이 생기고 있었다.

입사 시기가 A 직원보다 빠른 다른 여자 직원들도 A 직원의 태도를 대하고 약간 이상해하는 눈치였지만, C 회사 사장이나 다른 남자 직원들은 '이제야 회사에 시스템이 생긴다.'라는 정도로 이해하고 A 직원과 동조하는 분위기를 만들었다.

가령 회식 자리에서도 남자직원들 수저, 젓가락은 A 직원이 먼저 챙기고, C 회사 사장이나 선배 남자직원들과 헤어질 때는 허리 90도로 인사를 하는가 하면, 어디 들어가고 나갈 때 또한 A 직원이 항상 먼저 움직여서 문을 여닫고 하는 식이었다. A 직원이 입사하기 전에는 활발하고 자유스럽던 사내 분위기는 시스템적이고 선후배 직원들 사이 그리고 남녀 직원들 사이에 틈을 만드는 것도 있었다.

그러던 중, C 회사는 회사 설립 후 투자자 문제 때문에 회사를 닫아야 할 시기가 오고 말았다. 투자를 약속했던 투자자가 약속을 어기고 추가 자금을 투자하지 않는 바람에 애꿎은 C 회사 사장만 거래처와 임직원들에게 신뢰를 잃을 상황이었다.

C 회사 사장이 사업을 이끌어갈 능력이 전혀 없었던 것은 아니었지만, 일단 투자자와의 관계를 정리하고자 회사를 폐업하기로 결정하고 직원 급여는 회사 잔여 자산을 처분해서 지급하기로 합의했다.

이 시기였다.

회사 직원들과의 임금 청산 날짜를 같은 달 25일로 하자 막상 26일부터 모든 직원이 회사에 나오지 않았다. 그뿐 아니었다. 그렇게 깍듯했던 A 직원은 앞장서서 남녀 직원들을 선동하여 C 회사 사장을 노동부에 임금 미지급 건으로 고발하기로 하고, 회사 자산에 대해 법원에 가압류를 신청하는 데 앞장섰다. 기가 막힐 노릇이었다. C 회사 사장 입장으로서는 회사 정리를 하게 되면서 직원들의 임금보다 추가 금액을 정산해주고자 했던 것도 괜한 짓을 했다는 자괴감이 들었다.

A 직원은 C 회사 사장 옆에서 아는 법무사, 변호사 등에게 전화를 걸어대며 임금을 미지급할 경우 사장이 고발된다든지, 형사 건이라든지 하는 대화를 하기 일쑤였고, 회사 자산에 대해 가압류를 할 경우 필요한 서류를 알아보기까지 했다. 더구나 회사 소재지 관할 노동 사무소에 들러 임금 미지급 건 및 사업주 고발 방법까지 알아보기까지 했다.

C 회사 사장은 오히려 다행이라는 생각이 들었다고 한다. 투자자로부터 투자금을 받고 전개한 '주식회사'가 아니라 '개인회사'였다면 더 아찔했던 순간이었다.

주식회사는 자금을 투자하고 지분을 나눠 가진 주주들에게 유한책임을 지도록 하는 것이다. 유한책임이란 주주들이 투자한 금액만큼만 손해를 보도록 하는 것이며, 회사 명의의 상거래에서는 회사 대표이사나 주주들에게 책임이 없다. 단, 회사 명의로 은행과 거래하면서 당좌수표를 쓰거나 어음 등을 쓰고 돈을 변제하지 못하는 경우, 회사 명의로 은행에서 대출을 받을 때 회사 대표이사나 누군가 보증을 설 경우엔 꼼짝없이 그 손해에 대해 책임을 져야 한다.

그 외의 경우엔 회사와 개개인 이사 등의 책임소지는 없다. 반대로 개인회사일 경우, 개인회사 대표가 모든 상거래 책임을 100% 떠안고 부담하게 된다. 회사 직원 임금 및 모든 상거래는 회사 이름을 달았다고 하더라도 회사 대표가 책임진다. C 회사 사장의 입장으로서는 개인회사가 아니었던 게 천만다행이었다.

C 회사는 곧이어 회사 사무실 보증금으로 직원 급여를 정산하고 모든 사업을 정리하도록 했다. C 회사 사장은 요즘도 그런 이야기를 한다.

"직원 입장에서 회사를 그만둘 것인가?
회사 경영주 입장에서 저 직원을 어떻게 자를 것인가?"

직원을 해고하는 사장은 사장대로, 해고당할 것 같은 직원은 직원대로 불편하다. 노무사라는 분야에서 회사의 직원 관련 업무를 담당하기는 하나 노무사는 절대적으로 직원 편인 경우가 많다. 회사 경영주는 외롭다. 회사 경영주를 위한 사업이면서 직원을 위한 사업이기도 한 '해고 대행 서비스'가 필요하다.

나중에 들은 L의 이야기이다.

해외 지사장으로 파견 나가서 고생만 죽도록 한 직원 L, 결국 과중한 임무를 마치고 회사에 돌아오니 부서 없앤다며 회사 정리하자고 한다. 나중에 알고 보니 해외 사업을 정리하기 위해 회사에서는 L을 파견 내보내고 업무를 정리하게 했다는 것이다.

그것도 모르고 열정을 다해 최선을 다해서 일을 처리한 직원 L은 회사의 처우가 섭섭했고, 그 즉시 노무사에게 달려가 급여 위로금 문제로 다투려고 하나 결국 안 좋은 이미지만 남기고 회사를 나왔다.

회사는 직원이 고객과 같다.

안 좋은 이미지를 남기면 회사가 손해이고, 회사랑 같은 분야에서 경력 쌓던 사람이 밖에 나가면 경력에 지장을 주니 함부로 안 좋은 말도 못한다.

이럴 때, 해고하는 쪽이나 해고를 당하는 쪽이나 적절한 시스템이 없어서 항상 고민이 되게 마련이다. 오너 입장에선 직원을 해고하는 데 부담 없고, 직원 입장에선 그만둘 때 마음 편한 시스템이 필요하다.

이 사업은 기업 고객이 주가 되는데, 처음엔 소규모 회사부터 시작하자. 회사에서 신입 직원 채용 때 근로 계약서에 '해고와 퇴사에 관한 문제는 어느 어느 회사와 논의하고 결정에 따르기로 한다.'라는 조항을 넣어 두자는 것이 1차 사업화 목표이다.

회사와 직원은 사실 개인주의적 풍토 때문에 충분한 미팅과 회의가 이뤄지지 못한다. 직원은 간부 사원과의 연결 고리가 승진의 다리가 될 일이 잦고 회사는 간부 직원의 조언이 성실한 인재는 놓치기도 한다. 이럴 때, 간부 직원에 국한된 것이 아니라 전문 상담 회사를 통해 퇴사와 해고가 이뤄지도록 하는 것이다.

민법상으로 기간의 약정이 없는 고용계약은 당사자가 언제든지 해지 통고할 수 있고, 1개월의 통고 기간이 지나면 그 효력이 발생한다.

하지만 노동관계 법률은 위와 같은 시민법상의 원칙을 수정하고 해고의 자유를 폭넓게 제한하고 있다.

근로기준법에 의하면

① 사용자는 정당한 이유 없이 근로자를 해고하지 못하며(제30조 1항), 사용자가 정당한 이유 없이 근로자를 해고한 때에는 당해 근로자는 노동위원회에 그 구제를 신청할 수 있다(제33조).

② 근로자가 업무상 부상 또는 질병의 요양을 위한 휴업 기간과 그 후 30일간 또는 여성 근로자의 산전(産前)·산후 휴업 기간과 그 후 30일간은 해고하지 못한다.

지금 당장 시작할 수 있는

③ 사용자는 천재·사변 기타 부득이한 사고로 사업 계속이 불가능하여 노동부 장관의 인정을 받은 경우 또는 근로자가 고의로 사업에 막대한 지장을 초래하거나 재산상 손해를 끼친 경우 노동부 장관의 승인을 얻어 근로자를 해고할 수 있으며, 그 외에는 임의로 해고할 수 없다.

④ 사용자가 근로자를 해고하고자 할 때에는 적어도 30일 전에 예고해야 하며, 30일 전에 예고하지 아니한 때에는 30일 분 이상의 통상 임금을 지급해야 한다(제30·32조).

⑤ 예고 해고의 적용에서 제외되는 것으로, 일용근로자로서 3개월을 계속 근무하지 아니한 자, 2개월 이내의 기간을 정하여 사용된 자, 월급 근로자로서 6개월이 되지 못한 자, 계절적 업무에 6개월 이내의 기간을 정하여 사용된 자, 수습(修習) 사용 중의 근로자는 예고 없이 해고할 수 있다(제35조).

한편, 개정 근로기준법은 경영상 이유에 의한 고용조정, 즉 정리 해고를 도입했다. 사용자가 해고를 피하기 위한 노력을 다하여야 하며, 근로자의 과반수로 조직된 노동조합 또는 그러한 노동조합이 없는 경우에는 근로자의 과반수를 대표하는 자, 즉 근로자 대표에 대하여 해고를 하고자 하는 날의 60일 전까지 통보하고 성실하게 협의하여 합리적이고 공정한 해고의 기준을 정하고 이에 따라 그 대상자를 선정한 후 해고해야 한다고 규정해 정리 해고의 남용을 방지하고 있다. 이러한 요건을 충족한 경우에는 정당한 해고로 본다(제31조).

"공든 탑도 무너진다. 힘들게 쌓은 탑이 무너지려면 소리 없이 1초도 안 걸린다."

미니 의류 대리점

단돈 99만 원으로 시작 가능한 미니 의류 shop

거리 곳곳에 자판기가 있다.

하루는 그런 생각을 했다.

'저곳에 자판기 대신 가게를 열면 어떨까?'

이게 무슨 생각이냐고?

자판기 대신 그 자리에 가게를 만들어 돈 벌자는 이야기다. 그것도 의류 대리점이다. 말도 안 되는 이야기라고 부정부터 하진 말자. 가능한 이야기다. 아무리 그래도 사람 한 명도 제대로 설 수 없는 공간에 옷을 파는 가게를 연다니? 기가 차고 황당한가? 그건 여러분 생각이다. 내 생각은 다르다.

먼저, 일반적인 의류 대리점 창업의 경우를 알아보자.

대학가 주변에 소규모의 의류 매장을 열 경우, 보증금 1,000만 원에 월 임대료 50만 원, 권리금 약 3,000만 원 정도 든다. 투자금 4,000만 원 선에 월 임대료는 별도인 셈이다. 하지만 여기에 인테리어를 추가할 경우 비용은 더 들고, 막상 장사해 보기도 전에 투자비가 많이 쓰이는 상황이 온다.

경기 침체에 따라 일부 쇼핑몰에선 권리금도 없고, 보증금도 없는 월 수수료 매장을 앞다퉈 내놓기도 한다. 일단 입점부터 하고 장사를 하면서 월 매출의 몇 %를 임대료 대신 내라는 방식이다. 하지만 여기에도 월 관리비가 들어갈 경우가 있다.

그리고 패션 브랜드의 경우, 15평 내외의 대리점을 번화가에 내고자 할 때 부동산 담보 5천만 원~1억 원, 현금 담보 3천만 원~5천만 원 선을 요구한다. 의류 대리점의 마진율은 평균 33%, 반품은 본사가 받는 조건이다.

물론, 본사와 대리점 간의 관계가 모호하다. '갑'과 '을'의 관계가 경우에 따라 바뀌기도 한다.

가령, 브랜드 인지도가 부족한 브랜드 본사의 경우, 대리점 한 곳 한 곳이 매우 중요하다. 그래서 대리점주를 정기적으로 찾아다니며 상담하고 얘기하고 매출을 높이기 위해 대리점주를 독려하기에 바쁘다.

널리 알려진 유명 브랜드의 경우, 대리점주와 본사의 입장이 반대된다.

본사는 지역별 대리점 담당자를 두고 1일, 1주일, 월별 매출 관리를 한다. 특히, 다른 대리점과 대비해 매출이 적게 나오는 대리점은 요주의 관리 대상으로 지목, 영업 사원을 통해 대리점주를 압박하기도 한다.

"다른 매장은 어느 정도 매출이 나오는데, 왜 이쪽은 매출이 적은가?" 판매 사원 교육부터 대리점주의 고객 서비스 실태까지 파악하려 한다. 그러다가 대리점주의 실수가 드러나면 브랜드 본사는 계약서 조건에 따라 책임을 얹고 심할 경우 대리점 계약 해지에 들어간다.

대리점주 입장으로선 낭패가 아닐 수 없다.

매장 보증금 및 브랜드 본사에 거는 부동산 담보와 현금 담보를 합쳐 수억 원에 가까운 큰돈을 들여 시작한 사업이지만, 판매 사원의 실수 또는 관리 실수로 인한 본사의 클레임을 들어줘야만 하는 것이다.

그러나 이마저도 의류 경기가 좋을 때 이야기이고, 2018년 국내 의류 시장은 대기업의 내셔널 브랜드까지 매장 축소에 나서고 인지도 높은 몇몇 브랜드는 문을 닫는 경우도 속출했다.

의류 브랜드 대리점의 경우, 1개월에 1억 매출을 달성하는 곳이 거의 드물다. 예전에 명동 지역 일부 패션 매장의 경우 1개월에 3억 원을 상회하는 매출을 올리기도 했지만, 신세계 백화점 광주점, 롯데 백화점 본점, 신세계 백화점 강남점, 현대 백화점

지금 당장 시작할 수 있는

신촌점 등의 익히 알려진 매출이 높은 매장이 아닌 경우 월 1억 원 매출은 어렵다.

백화점에 입점한 매장 중에서도 매출이 신통찮아 퇴출 대상으로 분류되는 매장은 한 달에 3천만 원 정도의 매출도 안 되는 곳이다. 결국, 백화점 매장에 입점한 의류 브랜드는 퇴출당하지 않기 위해서라도 '찍기'를 서슴지 않는다. 자기 돈 내고 자기 물건 사는 지경이다. 자기 돈으로 자기 물건 사면 최소한 평균(?)만 맞춰서 백화점에서 밀려나지 않겠다는 각오다.

의류 브랜드가 백화점 입점에 각고의 노력을 기울이고 적자가 나더라도 백화점 매장을 유지하려는 이유는 백화점에 있어야 '브랜드'라고 생각하는 소비자의 인식 때문이다. TV 광고를 하거나 국내 3대 백화점에 매장을 가진 업체여야만 의류 브랜드 대우를 해주고, 소비자들이 쇼핑하는데 가격이 비싸더라도 '백화점이니까!'라는 마음으로 가격 저항 등의 소비자 저항이 별로 없기 때문이다.

그러나 이런저런 백화점의 고압적 자세를 거부하며 로드 매장으로 나가버린 의류 브랜드의 경우도 있는데, 백화점에서 나올 때 좋지만 결국 쌀쌀해진 소비자의 반응을 마주 대하고 백화점 재 입점을 꾀하기도 한다.

로드 매장의 경우, 현금 담보와 부동산 담보에 이어 매출 유지 노력도 필요하다. 매장 인테리어를 하는 데 평당 120만 원 정도 이상을 쓴다. 매장 오픈 홍보비와 판매 사원 급여, 매장 임대료 등의 월 고정 비용을 생각하면 한 달에 2백만 원을 훌쩍 넘는 경비가 필요하다.

그래서 의류 대리점 사업을 하고자 하는 사람은 사업 위험도를 줄이기 위해 유명한 브랜드, 많이 알려진 브랜드 또는 외국에서 알려진 브랜드에 관심을 갖는다. 상대적으로 덜 알려진 브랜드의 경우 색다른 마케팅 방법을 쓰기도 하는데, 스타를 브랜드 모델로 또는 브랜드를 직접 한다는 식의 홍보 방법을 쓴다.

신인을 모델로 채용하는 의류 브랜드 회사와 달리 주말 연속극에서 갑자기 뜬 스타를 기용, 자사 브랜드 모델로 내놓은 A사의 경우 브랜드 론칭 1년 만에 전국 120개 매장을 열었으나 지역별 대리점주들의 별의별 불만을 다 접한다고 토로한다. 또다른 어려움으로 그만큼 사람 관리가 힘들다는 직업적 고충을 얘기하는 것이다. 신진 스타를 패션모델로 써서 대리점 확보는 용이했지만, 그 스타가 후속 작품이 없어서 소비자들이 브랜드 소비가 줄어들어 대리점주들의 불만이 쏟아진다는 것이 고충이었다.

의류 브랜드 본사로부터 들었던 처음 설명과 다르게 해당 의류 브랜드가 속칭 뜨지(?) 못할 경우 패션 브랜드 시장에서 매출이 떨어지고 퇴출 압력을 받는데, 본사의 디자인 파워나 브랜드 홍보력이 부족할 경우엔 대리점주와 본사와의 잦은 분쟁도 생긴다. 패션 대리점을 하고자 하는 사람들은 많지만, 끊임없이 들리는 대리점주와 본사와의 갈등설과 '일정 매출을 올릴 수 있을 것인가?' 하는 불안감에 망설인다.

필자가 아는 D 의류 브랜드 사업을 시작한 B사는 사업 초기 대리점 확보를 쉽게 하고자 외국에서 알려진 브랜드를 가져오기로 계획했다. 이태리에서 라이선스 비용을 주고 이태리 브랜드를 들여온 B사는 압구정동에 직영 매장을 오픈하고 단독 건물에 본사를 차려놓고 의욕 있게 시작했지만, 대표이사는 결국 20억 원을 써버리고 두 손 들고 말았다.

문제가 뭔가 싶어 필자와 대화할 기회를 가졌던 대표이사는 필자에게 자문하며 자책했다. 결국, 생산 단가를 부풀리기 한 회사 담당자의 고의 때문에 자기가 망한 거라고 한탄한다. 의류 브랜드 사업에 대한 각오는 있었는데, 직원 때문에 망한 거라고 하는 것이다.

그러나 이는 사업의 주체인 오너가 책임져야 할 것이지 직원에게 전가하는 책임이 아니다. 말도 많고 탈도 많을 것 같은 의류 대리점 사업.

성공을 원한다면 지금 바로 '발상의 전환'을 가질 때가 되었다. '돈이 수억 원 필요한 사업'이란 명제가 있다면 돈이 거의 없어도 가능한 사업이다.'란 '명제의 대우'도 성립한다.

단돈 99만 원으로 시작 가능한 미니 의류 shop

의류 대리점 사업의 新 발상을 열어가는 미니 대리점 사업이다. 미니 대리점의 공간은 가로세로 1m 공간이면 충분하다. 기본 15평 매장의 경우보다 1/45 정도밖에 안 되는 초미니 패션 대리점인 셈이다.

미니 패션 대리점은 의류 매장뿐 아니라 기타 다른 매장에서도 가능하다. 가로세로 1m 폭의 진열대를 4층으로 짜서 높이 180cm 이하로 한 뒤, 각 매장 구석 쪽이나 출입구 옆에 세워두기만 하면 된다. 진열대 색상은 어느 매장에나 어울리도록 흰색으로 하되, 진열대 사이와 하단과 상단엔 광고 POP 홍보물을 부착, 초미니 의류 대리점임을 부각한다.

필자가 이야기하는 초미니 의류 대리점은 단돈 99만 원으로 시작하는 '청바지' 대리점. 지역적 특성에 자기 비용을 들이지 않아도 국내외 언론에서 다뤄주는 정기적인 홍보 프리미엄을 이용할 수 있다면 더욱 든든하겠다. 비용 대비 효과를 산출할 땐 더없이 높은 광고 효과와 인지도를 담보한다.

또 다른 이점은 경제가 불경기일 땐 애국심 마케팅에 호소하고, 호경기일 땐 독도 관광객 수입으로 매출 상승효과를 기대할 수 있다.

미국과 일본 지역에만 최소 300만 명에 달하는 국외 교포를 대상으로 할 수 있어서 타국에서도 얼마든지 진출할 수 있는 상품이며, 청바지 미니 대리점주의 경우 단돈 99만 원의 투자로 명예와 이익을 동시에 얻을 수 있다.

99만 원 내역: 진열대 가격(운송료 착불) ₩93,000

진열대 브랜드 부착물 등 ₩116,600

청바지 초도 상품비(여름 반바지) ₩68,400

기타 (직원 교통비, 관리 업무비 등) ₩100,000

___

₩990,000

장점: 기존 매장에서 누구나 손쉽게 시작하는 추가 대리점 사업

적은 금액으로 재고 반품 걱정이 별로 없는 사계절 청바지 사업

단점: 시작 당시엔 여름용 반바지 상품으로 가을, 겨울 시즌 상품 필요

디자인 다양화 및 추가 상품 아이템의 추가 구성 필요

소량 진열 판매 구조에서 물량 확대 시 진열대 추가 구매 필요

청바지 미니 대리점은 4단에 LCD 모니터로 유튜브 영상 등을 노출하여 내방 고객들에게 독특한 마케팅을 보여주며 생각지

못했던 필수 구매 상품 의식을 갖게 해준다. 또한, 진열대 하단에 이벤트용 미끼 상품을 추가 구성하여 청바지 1장 구매 시 이벤트 상품 무료 증정이란 행사 코너로 활용한다.

내가 잘하는
나서기로 돈 벌다

모임 장소 알선업

인맥이 많은 사람, 가게 없이 식당 하기

주변에 친구가 많고 지인들이 많은가? 일주일 내내 만나자는 약
속 잡기 위해 전화통이 불나는가? 아니면 혼자 있는 걸 못 견뎌
하는 당신, 일주일 내내 누구라도 만나야 직성이 풀리는가? 그럼
당신은 대단한 장점을 가졌다. 당신은 잘나가는 식당 사장이 될
수 있다.

물론 넓은 평수에 호화로운 인테리어를 갖춘 식당을 당신이 직
접 만들 이유는 하나도 없다. 당신은 당신의 전화번호부만 있으
면 우리나라 전국에 가장 좋은 식당의 사장이 될 수 있다. 수익
률도 꽤 높다. 매출의 30%는 너끈하게 챙길 수 있다. 자본도 필
요 없고 식당을 차릴 필요도 없는데 식당 사장이라니?

"강점으로 경쟁하라."라는 말이 있다. 그 의미는 내가 가진 '강한 면'으로 상대의 '약한 면'을 공격하여 '승리'하란 뜻이다. 어떤 상대와 맞서더라도 내가 남들과 싸울 때 '절대 약자'란 없다. 다만, 내가 상대에게 질 것 같다면 그 이유는 '상대의 약점'을 모를 뿐이다.

장사도 창업도 경쟁 업체와의 싸움이다. 한정된 손님을 주고받는 게임이다. 결국, 손님을 내가 더 많이 확보해야만 승리하는 생존 게임인 것이다. 이 경우 상대가 약한 곳을 찾아 공격해야 한다. 승률을 더 높이기 위한 전략인 셈이다.

장사하고 창업을 할 경우엔, 경쟁 업체를 향한 나만의 '강점'이란 '차별화'를 말한다. 내가 손님을 더 데려와야 하는 경쟁 업체의 약점을 찾더라도 내 힘만으로는 역부족일 때, 다른 이를 스카우트하는 방법도 써야 한다. 둘만의 싸움은 없다.

지금 내 앞에 닥친 경쟁 상대보다 내가 강한 면이 없다고 생각되면 빨리 상대보다 강한 자를 찾아야 한다. 기록은 깨지라고 있고, 영원한 챔피언은 없다. 내가 어렵게 생각하는 상대보다 힘센 자는 어디에든 넘쳐난다. 상대를 이기기 위해 때로는 경쟁자와도 협력이 필요하다.

창업에도 강점이 있다.

내가 잘하는 거, 내가 가장 잘할 수 있는 거를 먼저 시작하자. 내가 가진 장점을 최대한 살려서 일단 경쟁 업체를 최대한 누르고 시작해야 한다. 이제 시작하는 내 입장에서 정상을 단박에 오르기란 불가능하다. 산길을 오르는 옆에서 내 길을 방해하는 세력이 있다면 그를 지나칠 속도와 힘을 지녀야 한다.

지난 IMF 시절, 사람들은 회사로부터 내몰려 거리로 나섰다. 이른 아침 양복 입은 중년의 아저씨들이 공원으로, 산으로 등산 길에 오르는 모습은 낯선 이야기가 아니었다. 그 일행 중에 대다수가 창업 지원 센터를 통해 대출을 받거나 가진 돈을 모아 부부가 함께 '식당' 사업에 도전하기 일쑤였다.

평일 하루 매출 1,700여만 원.
남들과 경쟁할만한 자신들의 강점으로 '음식'을 택했던 이유였다.

식당 없어도 식당 사장이 되는 방법을 소개한다.
서울 시내 번화가 식당은 강남역 인근의 경우 삼겹살 구이를 파는 식당 1일 매출이 1,700여만 원. 필자가 아침 11시경 이른 시각에 식당을 찾게 되어 카운터 앞에 앉아 돈을 세는 사장을 보고 내가 던진 질문은 "그 돈은 지난 일주일 매출이냐?"였고, 돌아온 대답은 "일주일에 이만큼 벌어서 어떻게 사느냐?"였다. 어제 하루 매출이었다.

그러나 사람들이 많은 시내 중심 상권에 식당을 열려면 투자금이 만만치 않다. 10평 규모의 소형 식당(서울 홍대, 강남 이면 도로)

지금 당장 시작할 수 있는

이라고 하더라도 보증금 3천만 원에 월세 200만 원을 훌쩍 넘는 곳이 많다. 게다가 '권리금'은 1억 원 이상인 곳이 대부분이다. 식당 하나 준비하는 데만 2억 원 가까운 돈이 필요한 것이다. 서울 공덕역 인근 시장 안에 새로 생긴 횟집은 2층 건물을 통으로 횟집을 열었는데, 그 투자금만 30억 원이 들었다고 한다.

요식업으로 창업할 경우, 1년~2년 수익금을 투자금으로 예상한다. 가령 횟집을 창업해서 2년 안에 30억 원의 투자금 회수가 가능하다는 판단이라는 것이다. 신촌 근처 젊은이의 왕래가 많은 지역에 커피 전문점을 열기로 한 창업자 A 씨는 인근 시세를 알아보다가 놀란 적이 있다. 30평 정도의 커피 전문점 권리금은 16억 원. A 씨는 예상을 훌쩍 뛰어넘는 시세에 황급히 되돌아 나왔다고 한다. 그리고 혹시나 싶어 몇 주 후 그 커피 전문점을 가보니 다른 창업자가 계약해서 운영하고 있더란다.

음식 아이템으로 창업할 경우, 마음에 드는 식당 위치를 보더라도 관할 구청에 가서 위생업 면허를 받아야 하고 요식업 중앙회에서 위생 교육도 받아야 한다. 최근 까다로워지는 음식물 재료 원산지 구분도 해야 하며 식당이란 오는 손님을 위한 서비스 산업이기 때문에 그동안 사회에서 내세웠던 자부심을 위한 '간, 쓸개'까지 잠시 다른 곳에 둬야 한다. 비위 상하더라도 참아야 할 일이 많다는 것이다.

식당에 음식 재료를 공급하는 차량이 하루에 두 번씩 식당가를 오가곤 하지만 재료 값을 한 푼이라도 절약하기 원한다면 새벽 시장에 나가서 직접 재료를 구매해야 한다. 새벽 시장은 5~6시에 지방에서 올라온 첫차 물건을 사야 신선도가 좋으므로 4시경엔 시장에 나가야 하는데, 주요 식당을 거래처로 둔 재료 상인들은 '초짜' 식당 주인을 보면 시큰둥하기 마련이다.

"얼마나 오래 하겠어?"

"재료 가져가 봤자 쥐꼬리만큼이겠지, 뭐."

"몇 개월 지나도 계속 식당을 하는 지 보고 결정해야겠어."

결국 창업자 입장에선 좋은 재료를 구하기 위해 재료 상인들에게 영업해야 하고, 식당에 오는 손님들에게 기분 좋게 다시 오길 바라는 마음에서 영업해야 한다. 그럼에도 식당 매출은 음식 맛에 좌우되므로 주인이 직접 요리를 하던가 주방장을 써야하는데, 주방장 월급이 높으므로 조리 기능사 자격을 배워 직접해야 한다.

불현듯 찾아온 퇴사의 압력에서 식당 하나를 차리기 위해선 최소 3~6개월 가까운 시간이 소요되고, 비용도 시내 중심 상권으로 진출하기 위해선 최소 2억 원 가까운 목돈이 있어야만한다. 여기에 추가로, 손님들과 거래처 상인들의 신뢰를 얻을 수 있는 영업 마인드까지 갖춰야 한다. 밤 12시 넘어서 끝나는 식당 일에 새벽에 시장에 나가야 하는 늦게 자고 일찍 일어나는 고3 수험생 같은 생활이 시작된다면 여간 고단한 인생이라고 생각할 것이다.

그렇다면 발상의 전환을 할 필요가 있다. 식당을 하기보다 이미 시내에 산재한 식당을 활용하는 창업이다. 식당을 찾는 배고픈 소비자를 대상으로 공급자(생산자)의 식당을 열 것이 아니라 손님이 필요한 '식당'을 또 다른 소비자로 삼는 '배고픈 소비자를 확보한 공급자'가 되라는 것이다.

식당 주인 입장에서 보면 "저 사람만 있으면 식당 영업은 괜찮겠다. 손님이 없어 공 치는 날은 없겠다."라는 인식을 갖게 하라는 의미이다. 여기에 색다른 '모임 장소 알선업'이란 사업 아이템이 있다.

소비자들의 마케팅 이해 수준이 생산자의 그것보다 높을 때, 생산자는 마케팅과 기획력으로 소비자의 소비 욕구를 유인하려고 한다. 생산자 입장에서는 소비자의 '눈'과 '머리'를 현혹하기라도 해서 '수익'을 노려야 하기 때문이다. 결국, 소비자의 이성적 '머리'는 잠시 내려두고 '눈'을 자극해야 생산자가 살아남는 길이다.

필자도 한때 자본 없이 '맨손으로 창업하는 거 뭐 없을까?' 고민하던 터에 20살, 대학 1학년에 아이템 하나를 잡았다. 미팅과 모임이 많은 대학 시절, 동아리방과 인터넷 카페를 대상으로 영업하는 아이템이다.

'모임 장소 알선업'을 요약해 보면, 특정 식당과 구두 계약하고 내가 데려온 사람들이 일으킨 매출의 약 30%를 수수료로 장소주(식당 주인)로부터 받는 사업이다.

흔히 호객꾼이라 불리는 '삐끼'와 비슷하겠지만, 엄연히 '모임 장소 알선업'이다.

거리에 서서 아무나 붙잡고 내가 아는 가게로 유인하는 호객꾼이 아니라 미리 알아둔 서비스 좋고 맛 좋은 최고의 장소로 한정된 사람들을 초대하여 모임을 즐기는 '파티장' 소개사업이기도 하다.

아무것도 없는 맨손일 때, 대신 회사 생활하면서 친구들과 모임도 잦았고 주변 인간관계가 좋을 때 도전하자.

모임 장소 알선업

사람들은 '모임'이 많다.

일이 잘 풀려도 모이고, 잘 안 풀려도 모인다. 잘되면 잘될수록 기념하고 축하하기 위해 모이고, 안 되면 안 될수록 문제를 풀기 위해 모인다. 가족 모임, 친구 모임, 데이트, 취미 모임, 결혼 피로연, 인터넷 카페 모임, 뒤풀이 등 모임의 종류도 많고, 참여하는 연령대도 다양하다.

그런데 모임은 많지만, 매번 되풀이되는 모임 장소를 알아보기 위해 시간을 허비한다. 인터넷에서 '모임 장소'를 치면 인기 키워드로 검색되며 광고하는 장소가 많다.

A사의 회원 관리 담당으로 근무하는 B 씨. 매월 회원 정례 모임을 위해 장소를 헌팅하기에 일주일을 허비했다. 30명 정도의 회원들이 모일 만한 공간 찾기가 쉽진 않았다. 발품을 팔며 시내 번화가를 중심으로 직접 돌아다니다가 간판이 그럴듯한 가게를 발견하면 들어가 보기도 했지만, 마음에 드는 장소는 찾기 어려웠다.

30명에 달하는 사람들이 모이는 장소의 조건은 맛있는 음식과 깨끗한 실내 분위기가 중요했다. 별도의 룸으로 꾸며진 공간이 있다면 금상첨화겠지만 마땅한 장소는 없었다. 인터넷에서 찾고 뒤지기를 며칠씩 해도 끝내 못 찾다가 모임 날짜 임박해서야 삼성역 인근 모 기업에서 운영하는 문화 공간을 찾았다고 한다. 지금도 그 생각하면 머리카락이 곤두설만큼 신경을 썼던 일이라고 한다.

장소를 찾는 사람들은 대개 회사에 다닐 경우 직원 회식 또는 회의를 위한 장소 찾는 업무 주가 된다. 연말연시가 되고 특정 행사가 있으면 외부 손님과 내부 직원들이 모일 공간을 찾아야 하고, 장소를 본 사람들에 입에서 '수고했다.'라는 말을 들어야 제대로 한 일이다. 그만큼 장소 찾기는 고되고 힘든 일이다.

왜 사람들은 저마다 장소 찾기에 고된 시간을 허비할까?

각기 다른 모임이라도 서로 정보를 알려주고 받으면 될 텐데 사람들은 그렇지 않다. 인터넷에서 모임 장소를 추천해달라는 질문도 보이지만 답변은 가게 주인이 직접 올린 곳이 많다. 가보면 여지없이 장사가 잘 안되고 장소도 협소한 곳이 많다. 사람들이 필요로 하는 곳에 창업 아이템이 있다. 무일푼 맨몸으로 도전 가능한 장소 소개 제공업에 도전해 보자.

'모임 장소'는 수도권 유동 인구 밀집 지역으로 주점 등을 섭외한다. 서울 시내로 생각하면 명동, 강남역 주변, 홍대 주변, 신촌 주변이되 중심 통로가 아닌 약간 외진 곳에 있는 장소를 골라야 한다.

그 이유는 유흥가 중심 통로는 유동 인구가 많아서 장소 주와 제휴하기가 어렵기 때문이다. 오히려 가게 주인 측면에서 보면 자기 돈 나눠 먹자는 수작(?)으로밖에 안 보인다. 매장 주 입장에선 말이다. 따라서 시내 유흥가 밀집 지역이긴 하되, 약간 외진 통로에 있으면서 장소는 넓고 조용한 업소로 골라야 바람직하다.

'제휴 계약'은 매출의 7:3으로 30%를 받는 조건으로 한다. 내가 데려온 손님들이 일으킨 매출의 30% 정도를 수수료로 달라는 계약이다. 매장 주 입장에선 애초에 계획하지 않았던 매출이 생기는 것이고, 한두 번 찾은 손님이 다음에 직접 찾을 가능성도 있으므로 손해 보는 장사는 아니라고 생각한다.

모임의 주최자 역시 메뉴판 그대로 정산을 하므로 누구에게 속았다거나 당했다는 의미가 아니다. 모임에 참석하는 사람들이 편안하게 지내고 모임이 잘 진행되면 된다. 모임을 데려온 사업자는 역할이 필요한데 매장 주와 모임 운영자의 사이에서 적절한 서비스를 최대한 해야 한다. 장소를 이용하는 손님들 수요를 맞춰주며 최대한 매출을 높이기 위해 노력해야 한다.

틈새 공간 활용

주택가 주차장 매장으로 활용하기

자투리 공간이 많다.

가정에선 수납공간에 비유되는 곳,

회사에선 업무 공간 내지는 창고로 활용되는 곳이다.

그런데 대부분의 자투리 공간은 수익을 만들어내지 못하고 있다.

아니, 정확하게는 수익을 만들지 않고 있다.

자투리 공간으로 돈 버는 방법이 있지 않을까?

가령, 계단 옆 귀퉁이에 채소 화분을 놓아보자.

가족만의 유기농 식단이 된다.

회사 출입문 공간에 샘플실을 차리자.

우리 회사 상품은 직원들 보라고 만든 게 아니다.

손님 다니는 곳에 둬야 도움되지 않겠는가?

자투리 공간에서 수익 내는 사업이 된다.

창업하려고 알아보면 인터넷과 거리 곳곳 나부끼는 무자본 창업 아이템이 많다. 하지만 자세히 알아보면 대부분 투자금이 필요하고, 나중에 조금이라도 돈을 내야 하는 아이템이 대부분이다. 이런 일을 한두 번 겪으며 창업에 나서는 사람들은 아무리 무자본이라고 해도 믿지 않고, '아마 얼마는 써야 하지. 세상에 무자본 사업이 어디 있어?'라고 웃고 만다.

창업하는 데 '내가 반드시 얼마의 돈을 갖고 있어야만 가능하다.'라는 명제란 없다. 대신, '내가 어떤 분야에서 창업하려는가?'가 중요하다. 남들 다 하는 경쟁 분야에서 대동소이한 업종으로 창업하려면 남들 하는 것처럼 일부 돈을 써야 하는데, 자칫 잘못 썼다간 있는 돈마저 다 날리고 거리로 내쫓기기도 한다.

창업과 사업은 경영주의 자기 판단으로 진행되는 것이기 때문에 돈 잃고 난 뒤 다른 사람을 탓해도 아무 소용이 없다. 누구 탓으로, 누구 잘못으로 '내 돈벌이가 망했다.'라는 건 '내가 바보다.'라고 말하는 것과 같다.

맨손으로 하는 매장 임대 사업, 소액 임대를 말하기에 앞서, 가장 비싼 매장을 가진 사람들은 어떻게 돈을 버는지 알아보자.

건물 임대료가 비싸기로 소문난 청담동. 이 지역에 자기 매장 하나 정도는 소유한 디자이너, 즉 국내에서 내로라하는 디자이너 선생님(?)들의 수입에 대해 일반인들은 막연히 추측한다. 외관 건물을 통해 느껴지는 강렬한 건물 디자인의 압박 그리고 미디어와 방송에서 보이는 패션쇼와 화려한 모습들을 통해 말이다.

"저 사람은 돈 잘 벌겠다."

청담동 디자이너 선생님, 그 수입은 얼마나 될까? 정말 돈 잘 벌고 계실까?

시내에서 우연히 만난 모 단체 사업부장 A 씨. 국내 최고의 디자이너 수입이 얼마인지 아느냐고 묻는다.

필자 옆에 동석한 사람들이 잘 모른다며 돈을 잘 벌고 있을 것 아니냐고 반문하자 고개를 젓는다. A 씨의 이야기를 들은 바로는 '모양 좋은 살구' 신세가 많다고 한다.

"동대문 원단 시장에 가보세요. 청담동 아무개 디자이너 샵에서 나왔다고 하고 원단 보내달라고 하면 고개 젓는 상인들 많아요. 대금 지급 늦추고 돈 못 갚는 디자이너들 얼마나 많은지 아세요?"

꽤 유명한 연예인들이 정기적으로 이 단체에 얼굴을 내밀고, 디자이너도 자주 행사에서 얼굴을 보여주는 광경을 본 사람들은 믿어지지 않는 표정이었다.

반면, 필자가 아는 또 다른 디자이너 B 씨, 유럽 프랑스에 패션 디자인을 배우러 유학을 다녀온 후 나이가 40이 넘었다. 하지만 아직도 결혼은 고사하고 아직도 무명의 디자이너다. 언젠가 만났는데, 불쑥 그런 말을 한다.

"내가 좀 떠야겠다."라고. 외국이나 우리나라에서나 '디자이너'가 떠야 돈을 벌 수 있겠다는 생각을 가졌던 모양이다. 이름 없는 디자이너다 보니 아직도 관련 업계에서 일하기가 쉽지 않다고 한다. 하지만 B 씨 역시 국내 디자이너 계에선 꽤 알려진 인물이었다.

얼마 전의 경험이다.

청담동 1세대 디자이너 C 선생님, 필자하고 한창 다음 패션쇼에 관해 이야기하던 중, 직원이 와서 모 잡지사 기자분(?)이 왔다고 하니까 얼른 자리에서 일어났다. 신문사 기자 만나러 디자이너가 작업도 팽개치고 올라가던 것이다.

C 선생님의 샵에 기자가 오기 전 나와 콘셉트에 관해 이야기하던 중, 일 년 수입이 얼마냐 되느냐고 묻기에 대답했더니 자기보다도 훨씬 많다고 놀라워한다. 프랑스 가서 패션쇼 해도 1년에 10만 달러 오더받기 어렵다고 전하며 말이다.

겉으로 보이는 것과 달리 내부 사정은 어려운(?) 청담동이 디자이너 거리가 된 그 유래를 모르는 사람이 더 많다. 청담동 초기 정착 디자이너 D씨가 청담동에 자기 작업실을 차리면서 후배를 모으기에 이른다.

　"내가 10억 투자해줄 테니 벌어서 갚아."

　일명, 청담동 디자이너 거리를 만들기 위한 시작이 되었던 것이다. 그 이후에 청담동에 모여든 디자이너들의 고군분투가 시작된다. 모였긴 했지만, 마땅히 알아주는 곳은 없었다.

　결국, 자비 들여서 해외 유명 패션쇼장에 PR하는 게 유행으로 번졌다. 밀라노, 프랑스의 프레타포르테, 오띄꾸띄르 등등. 패션쇼장에 다니는 포토그래퍼들은 이미 다 알면서도 쉬쉬하는 사실이었다. 홍콩, 미국, 프랑스, 이탈리아 등을 전전하는 디자이너 선생님들이 자기 돈을 들여서 해외에서 패션쇼 한다는 거 말이다.

　하루는 필자가 샵을 알아보러 직접 청담동에 나간 적이 있다. 마침 2층 규모로 지어진 깔끔한 매장이 보여서 문의를 하니 보증금 15억 원에 월세 1,500만 원이라고 한다. 당시엔 글로벌 경기 침체가 시작되기 전이라서 그랬는진 몰라도 부동산 거품이 절정에 이르렀을 때이다.

　그 앞 건물을 눈여겨봤다. 독립 건물도 아니고, 큰 빌딩에 1층 매장. 꽤 큰 평수였다. 임대를 물어보니, 보증금 8억 원에 월세 1,200만 원이라고 한다.

　수익을 내기 위한 매장이 아니라 업무를 봐야 하는 일반 사무실의 경우이다. 필자는 다시 여의도로 와서 KBS 별관 근처 깨끗한 건물의 한 층 임대를 알아봤다. 한 층은 100평이 조금 넘는데 보증금은 차치하더라도 월세는 2천만 원.

청담동의 경우 한 달 살림살이하기에도 버거울 정도로 높은 임대료 사정을 보더라도 청담동 디자이너 밑에서 일 배우는 문하생 디자이너의 급여는 어느 정도인지 짐작된다. 남들이 보기엔 꽤 괜찮은 디자이너 아래에서 일도 배우고 돈도 버니 좋겠다고 말한다. 그런데 정작 그 디자이너들의 급여, 얼만지 아는가?

대학 졸업하고 청담동으로 간 디자이너, 월급이라곤 20~30만 원이 고작이었다. 그나마 사정 나은 사람은 월급 80만 원도 있었고, 자기 선생님에게 "내가 월급 이만큼 주는 사람은 네가 처음이야!"라는 소리까지 들었다던 모델리스트 D는 월급 120만 원을 받았다.

겉으론 화려한 디자이너 부티크. 디자이너 선생님도 사실 수입이 많진 않다. 결국 알고 보면 청담동 디자이너 선생님들, 1년 연봉이 1억 원도 채 안 되는 걸까? 꼭 그렇지만은 않을 것이다. 백화점 유통에 정기적인 해외 패션쇼를 통한 오더 수주에 기본 수입은 된다. 직원들 급여도 줘야 하고 말이다.

청담동을 담당하던 어느 원단업체 직원 E는 이런 말을 한다.

"원단 대준 청담동 디자이너 선생님(?)들에게 돈 떼이고 못 받은 것도 많아."

청담동의 호화로운 디자이너 매장도 강남역 앞 노점상이 버는 하루 매상 300만 원보다도 돈 못 버는 곳이 있다는 얘기이다.

노점상(노변 매장)은 정말 돈을 못 벌까?

노변 매장, 흔히 '노점'이라고 말하는 장소 가운데 자릿세가 필요 없는 대표적인 벼룩시장을 알아보면 우리나라는 매주 주말 서울에 위치한 홍익대학교 근처 거리를 프리마켓으로 지정하고 대학생들이 직접 만들거나 갖고 있는 상품을 판매하는 시장으로 꾸몄다.

일본에서도 비슷한 모습을 본 적이 있는데 동경(東京) 시내 요요기 공원 근처 거리에 보면 토요일이면 거리에 나와 손수 만든 물건을 늘어놓은 젊은 좌판꾼을 많이 본다.

대학생들이 돈을 마련하기 위해 벌이는 좌판은 생계를 위해 뛰는 노점상들과는 분명 다를 수 있다. 하지만 돈을 번다는 행위는 같다.

장사해본 사람은 초보자보다는 장사가 잘 되는 곳을 고를 줄 아는 '눈'이 있다. 그들이 힘들더라도 '노점'을 하려는 이유이기도 하다. 반면에 '장사' 자체에 일단 '지르고 본다.'라는 무모한 창업자들의 경우 조건이 저렴한 가게를 찾아서 '상품'으로 경쟁하려는 욕심이 강한데, 애초에 포기해야 한다. 아무리 좋은 상품일지라도 '손님'이 없으면 소용없다.

'노점을 하려는 사람들'은 '수요처(소비자)'가 된다.
수요가 있다면 공급자가 필요하다.

경기가 어렵고 문 닫는 매장이 많을수록 장사를 해본 사람들은 비용 부담이 적은 매장을 찾게 되는데, 노점을 택하곤 한다. 사업해본 적 없는 '초짜'라도 비싼 고급 매장보다는 임대료도 적고 위치도 좋은 알짜배기 매장을 찾는데, 이 두 가지를 병행할 수 있는 장소는 바로 '주택가 주차장'이다.

주택가 주차장 매장으로 활용하기

소방 도로변 주택가 골목이나 주택가이면서 사람들 왕래가 잦은 지역의 경우, 주차장 매장을 고르기 좋은 장소이다. 대표적으로 홍익대학교 주변 커피 전문점인 커피 프린스 1호점 주변 거리와 인사동 주택가가 그렇다. 이 외에도 유흥가 근처 이면도로 주택가 밀집 지역이 추천할 만하다.

주차장 매장을 확보하려면 우선 집주인과 친분을 쌓아야 한다. 낯선 사람이 무작정 집주인을 만나 주차장 좀 빌려달라고 하면 뜻을 이루기가 쉽지 않다. 주차장을 그대로 두고, 도로 쪽으로 가게를 만들어서 한정된 시간만 영업하겠다는 구체적인 계획서 내지는 설명서를 들고 가서 설득해야 한다.

본인의 신분을 드러낼 수 있는 구체적 서류도 들고 가서 집주인을 만나거나 근처 부동산 중개인과 함께 방문하면 더 좋다. 부동산 중개인들은 아파트 지역과 달리 일반 주택가일 경우 주소지에서 오래 거주한 사람들이 많다. 당연히 집주인과도 일면식이 있을 만큼 알고 지내는 사이가 많다.

자세한 이야기는 부동산 중개인에겐 말하지 않도록 한다. 집주인과 나 사이에 다른 이가 끼어들 소지가 있다면 주차장 매장 사업은 딴 데 가서 알아보는 게 더 빠를 수 있다. 사공이 많으면 산으로 간다.

노변 매장을 할 장소는 주택가 인근으로 빈 지하실 또는 주차장을 활용한다. 집주인에게 장소 이용료를 주기로 하고 계약이 이뤄지는데, 근린 상가 옆 주택가에 창고를 보유한 주택도 좋다.

노변 매장이라고만 하면 돈 없는 사람들의 임시 매장만은 아니다. 주택가 창고와 주차장을 개조해서 차가 빠진 후 가게로 이용하는 방법을 쓰는데, 주차장은 항상 차가 있는 곳이 아니다. 주차장에서 차가 빠진 다음 돌아오기까진 시간이 걸린다.

회사에 출퇴근하는 차는 최소한 아침 9시부터 저녁 6시까지 가게로 변할 수 있다. 틈새 시간을 활용하는 매장 임대업인 것이다.

비용은 1일에 얼마(₩) 요금제로 하고 점차 선불제 한 달 비용을 내며, 매출의 몇 %로 전환해야 한다. 인테리어가 필요 없는 상품 아이템을 추천한다. 불경기에 망하는 상점을 찾아 땡 물건 되팔기 위한 매장이나 월 깔세(문 닫은 매장을 빌려 한 달 비용 미리 내고 다른 상품 파는 행위) 매장 말고 1일 매장, 주간 매장, 격주 매장으로 틈새 활용하자.

이 글을 읽는 독자 중에 "왜 하필 주차장을 매장으로 쓰는가?" 하며 탐탁지 않게 생각한다면 이런 경우를 생각해 보자. 도시 곳곳을 다니다 보면 아무짝에도 쓸모없어 보이는 낡은 건물 옥상일지라도 차 왕래가 잦은 곳에 있는 건물엔 버젓한 광고판이 서 있다.

건물 주변을 오가는 많은 차는 길목에 놓인 낡은 건물 위에 자리 잡은 광고판을 통해 쏟아지는 광고 상품을 보게 된다. 이 따금 뉴스도 나온다. 낡은 건물을 소유한 주인은 건물에 입주한 사무실로부터 받는 임대료 외에 옥상을 빌려주고 받는 돈도 적지 않다.

실패를 팝니다

실패학 전문 강사로 활동하라

하는 일마다 성공하는가? 이런 사람 주위엔 사람들이 몰려든다.

주식으로 대박 친 사람,

전문직으로 돈 번 사람,

배우로 스타가 된 사람 등등.

어느 한 가지 일을 반복하여 익숙하게 되고 잘해내는 사람들이다.

그럼 역으로,

하는 일마다 실패하는 사람은?

정말이지 실패 분야에선 내가 탑이라고 생각하는 사람은 어떤가?

실패하면 좌절하고 낙담하고 절망해야 하는가?

성공에 익숙하진 않아도

실패라면 누구보다 제대로 실패할 수 있는데?

실패학 전문 강사로 나서자.

실패를 두려워하는 사람들, 당신을 만나기 꺼려한다면 얘기하자.

"당신은 분명 언젠가 실패한다. 그건 사실이다.

그런데 그 실패를 내가 먼저 경험했으니 내 이야기를 들어라."

중국에서 사업하던 한국 기업 중에 영세한 한국 기업들은 사세가 기울기 시작하면 비상 상황에 빠진다.

이러한 기업들이 야반도주 또는 '맨몸 철수'를 하는 사례가 늘어나자 임금·거래 대금 회수 명목의 인권침해까지 잦아져서 "칭다오에선 1주일에 4~5건씩 피해가 발생한다."라는 조사 결과도 있었다.

예를 들어 중국 산둥성 지역에서 중국인에 의해 감금·납치·폭행당하는 한국인이 급증하는 것은 한국 기업의 '맨몸 철수'가 늘어나면서 나타난 현상이다.

칭다오 한국 총영사관의 김찬원 영사(사건 담당)는 "최근 이 지역에서 우리 교민들이 거래 업체 대금 미지급과 채권·채무 관계로 폭행당하거나 납치당하는 사건이 1주일에 4~5건은 발생한다."라고 말했다.

중국에서는 '시간이 오래 걸리는 법' 대신 '해결이 빠른 주먹'에 의존하는 것이 만연해 있다.

산둥성 웨이하이(威海)의 삼성전자 협력 업체 사장은 일식당 화장실에서 괴한 2명으로부터 테러를 당했다. 그는 괴한들이 내리치는 흉기를 손으로 막다가 손가락이 절단되는 중상을 입었다.

사건 발생 후 삼성전자가 현지 정부에 강력히 항의해 경찰이 수사한 결과, 범인은 회사 구내식당을 도급 운영하다 교체된 전

식당 주인이었다. 음식 질이 나빠 사장이 그를 내보내자 앙심을 품고 동북지방의 '깡패'를 동원한 것이다.

그리고 지금으로부터 10년 전쯤인 2008년부터 ▲노동자 권익을 강화한 노동계약법, ▲내외자 기업 공히 25%의 세금을 내는 기업소득세법(그동안 외자계 기업은 15%의 세금만 냈다.), ▲외자계 기업에 대한 토지사용세 부과 등이 한꺼번에 시행되었다.

칭다오에 진출한 한국 기업은 5,000여 개. 이 가운데 '성실 경영'과 '구조 조정'으로 위기를 넘긴 기업도 있지만, 섬유 봉제 액세서리 피혁 등 노동 집약형 산업을 중심으로 한계에 도달한 기업도 적지 않았다.

칭다오 한인상공회 관계자는 "중국의 경영 환경 변화에 적응하지 못하고 문을 닫을 기업이 설 전에 약 10%(500개), 올 상반기 중에 약 20%(1,000개)에 달할 것이라는 비관적 관측이 많다."라면서 "이 과정에서 한국인 '인권침해' 증가와 '멀쩡한 기업의 도산'이 우려된다."라고 밝혔으니 말이다.

KOTRA 칭다오(青島) 무역관이 현지에 진출한 기업 94곳을 설문 조사한 결과, 전체 기업의 76.6%가 중국 내에서 사업을 정리하는 절차를 잘 모른다고 응답했다. 사업을 시작하는 것에만 신경을 썼을 뿐, 여건이 나빠져 철수하는 절차에 대해선 소홀한 것으로 나타난 것이다.

그러나 위와 같은 중국 진출 기업들의 실패 후 무분별한 철수 전략(?)으로 한국과 중국 간 무역 분쟁이 발생하고 있으며, 차후 중국에 진출할 후발 주자가 될 수많은 한국 기업들을 위한 여건 마련에도 큰 문제가 아닐 수 없다.

이런 문제의식을 주목한 前 S 유통점 중국 지사장을 지낸 이진범 사장은 대 중국 사업을 기획, 중국에서 돈 안 떼이고 철수하는 방법을 강의하며 대 중국 사업 성공 컨설팅 사업으로 이름을 떨치고 있다. 남들의 실패 사례에서 자기만의 성공 사례를 찾은 경우인 것이다.

진흙 속에서 진주 찾기란 쉬운 일이 아니다. 더러운 진흙이 진주를 가려 다른 이에게 안 보일 뿐 아니라 진주를 본다고 해도 '진주'임을 구분해낼 지식이 있는 사람이어야만 가치를 얻을 자격이 있다.

다른 이의 '실패 사례'를 모으면 실패를 공유하지 않으려는 기업 풍토에서 역발상을 밑바탕으로 한 컨설팅 서비스 사업.

사람들은 성공 사례를 좇아 사업을 시작하고, 실패에 다다르면 당황하고 잠수한다. 연락을 끊고 심할 경우 이도 저도 힘들어 죽음을 택하기도 한다. '성공'만 좇다 보니 '실패'하는 법을 몰라서 생기는 문제인 것이다.

실패한 사람의 가장 큰 위험은 현실적으로 닥친 문제에 대해 자기 자신을 포기하려는 행동이다. 잠수함. 장사하다 보면 '잠수함'을 이따금 본다. 불경기엔 너무 많은 잠수함이 출몰을 거듭한다. 아니, 잠수함 찾기가 어렵다. 물에 뜬 잠수함이 보이는 족족 어느 누군가 냅다 집어 타고 꼭꼭 숨어버리기 때문이다. 옷장사뿐만이 아니겠다. 사업하다가, 친구 사이에 실연을 당하거나 기타 마음 아픈 일들이 생길 때면 언제나 잠수함이 등장한다. 이왕이면 성능 좋은 것으로, 오래오래 잠수해도 걸리지 않을 튼튼한 잠수함으로 말이다.

예를 들어 보자.

거래처에서 받을 클레임을 피하고자 일단 전화를 끊었다. 사무실로 걸려온 전화도 받지 않고 핸드폰도 받지 않는다. 그렇다면 거래처에서는 어떻게 될까? 전화를 해도 해도 안 되고, 핸드폰도 받지 않는 거래처를 믿을 수 있을까? 두 번 다시 거래하고 싶지 않을 것이다.

거래하기 싫은 정도에서 넘어서 연락이 안 되는 상대 업체 사장을 상대로 손해배상을 청구해야만 속이 풀릴 지경으로 된다. 상거래에서 생긴 금전적 문제가 감정적으로 변한다.

'그래, 이 자가 나를 망하게 하려는 구나. 내 믿음을 저버리는구나.'

이때부터 이미 모든 일은 순리적으로 풀 수 없다. '너 죽고 나 죽자'는 식으로 덤비면 인정사정이란 없어진다. 결국, 상대 업체는 법원으로, 경찰서로 서류를 넘기기 위해 준비한다. 상거래에서 흔히 사용하는 법적 서류 근거는 '사기', '차용증 근거의 가압류, 강제집행' 등이다.

한 걸음 더 나아간다면 '약속어음'에 대한 공증을 받아둔다. '공증'이란 재판 없이 바로 집행문을 부여받을 수 있다. '재산압류'로 치자면 '가압류'없이 '본압류'를 진행할 수 있다. '본압류'란 법원 집달관들이 자기 집으로 와서 돈이 될 만한 물건에 빨간딱지를 붙이고 일정 기일이 지난 뒤 경매를 통해 돈을 회수, 채권자에게 지급한다.

예를 든다.

도로 시설 사업을 하는 A 사장은 결제를 미루고 연락도 안 되는 골치 아픈 거래처 때문에 기다려보다가 결국 '세금계산서'를 근거로 법원에 해당 거래처 사장을 상대로 '지급명령'을 신청했다.

이렇게까지 하기 전에 물론 A 사장은 A 사장 나름대로 전화 연락을 시도하고 내용증명을 보내는 등 해결을 시도했었다. 민사 이외에 '사기' 사건으로 형사 고소까지 했다. '지급명령'을 받으면 2주 정도 기간 이내에 법원에 정식 재판을 청구해야 하지만 이 거래처란 곳도 그와 관련해서는 방법을 몰랐던 듯 '지급명령' 이의 제기 신청 기한을 넘기도록 아무 일도 하지 않았다.

결국, '지급명령' 다음에 '가압류' 신청을 했고, 거래처에서는 '가압류명령'을 받고도 또다시 이의 제기를 하지 않아 A 사장이 제기한 '가압류' 신청이 법원에서 받아들여져 '본집행'까지 일이 진행됐다.

'가압류' 시 붙여진 '빨간딱지'가 경매로 넘어가기 직전, 거래처 사장이 A 사장에게 연락해왔다. 거래처 사장은 A사 사장에게 도로 시설품을 납품받아서 주문처에 납품하고도 결제 대금을 지급하지 않았다. A 사장은 결제하기 전까진 압류를 풀어줄 수 없다고 버텼고, 설상가상으로 거래처 사장은 '사기'까지 받아들여져 '경찰서'에서 소환장을 받았다.

거래처 사장은 나중에야 문제의 심각성을 깨달았는지 자기 친형에게 부탁, 급한 결제 자금을 차용하여 지급하고 '압류'를 풀 수 있었다.

지금 당장 해결하기 벅찬 문제가 생길 경우 사람들은 '실패'를 예감하고 대다수 '연락 두절'을 시도한다. 그러나 '나만 연락되지 않으면 괜찮겠지.' 하는 바람은 무너지고 만다. 내가 연락되지 않으면 가족이 고생한다. 가족뿐만 아니라 결혼한 사람이라면 배우자 또한 고생시킨다. 요즘 '돈'이라면 모든 일을 다 해준다는 업체들도 공공연히 뉴스거리가 될 만큼 세상인심이 야박하기

이를 데가 없다.

어느 사업가 이야기를 소개한다.

C 의류 사장, B 치킨 업체 사장, M 문구 사장 등. 지금 이름만 대면 알 수 있는 유명 기업체 사장들은 대다수 어려운 지경에 몰렸었지만 이겨냈고, 성공 사업가로서 이름을 날리고 있다.

그중 C 패션 브랜드 업체 사장. 사업을 시작한 뒤 어느 정도 성공했던 C 업체 사장은 거래 업체의 부도로 자금 압박을 이겨내지 못하고, 결국 도망자 신세에 올랐다. 그때 아직 30대 중반. 여태껏 겪어보지 못한 사회의 냉혹함은 젊은 나이의 사장을 좌절의 길로 내몰았다. 1분이 멀다 하고 걸려오는 채무 상환 독촉 전화는 그래도 양반이었다.

아예 짐을 싸 들고와서 C 업체 사장 멱살 잡고 으르렁거리다가 사무실에 자리 깔고 누워버리는 사람들, 밤중에 집으로 전화하고 집으로 찾아와서 누워버리는 사람들. 휴일이고 평일 안 가리고 집에 쫓아와서 협박하고 돈 돌려 달라고 강요하는 사람들. 전화번호를 어떻게 알았는지 친구 집이고 부모님 집이고 전화해서 돈 돌려달라고 고소하겠다고 하는 사람들. 어느 날인가부터 법원에서 날아오는 내용증명과 각종 소환장.

이제 이 세상은 끝난 것 같았다. C 업체 사장이 생전 겪어보지도 못한 고통의 나날이었다. 혼자만의 문제라면 어디 가서 죽어버리고 싶은 심정이었지만 남은 가족들 얼굴 때문에 그러지도 못했다.

　어느 바닷가.

　모든 일을 포기하고 도망친 C 업체 사장. 소주 한 병을 들고 바닷가 바위에 앉아있던 C 업체 사장은 이제 이 세상과 하직한다는 생각에 하염없이 눈물만 흘리고 있었다. 나름대로 열심히 뛰었던 사업가로서의 길. 하지만 내 의도와는 다르게 순식간에 망한 회사. 한 해 수억 원의 돈을 벌던 회사가 순식간에 빚만 수억 원이 생겼다. 망한 회사의 대표이사란 직함은 사회 어느 곳에서도 받아주지 않았다. 세상은 '성공한 사업가'만을 원했다. '어느 누가 무슨 사업 해서 얼마 벌었다 하더라.' 사람들은 언제나 '성공 사업가' 이야기를 찾는다. 하염없이 눈물만 흘리던 C 업체 사장은 소주를 마시더니 이내 바다를 바라보고 일어섰다. 이제 바위에서 뛰어내리기만 하면 이 세상과는 끝이었다.

　그때. 전화가 울렸다.

　"아빠, 언제 와? 보고 싶어. 오늘 일찍 와!"

　5살 아들이었다. 순간 C 업체 사장은 정신이 퍼뜩 들었다고 한다.

　"그래. 벌써 포기할 순 없어. 난 아직 젊다."

　어린 아들의 전화에 정신을 차리게 된 C 업체 사장은 직접 채권자들을 만나고 다녔다. 채원 회수 기간을 늦춰달라고 요구하고 새로운 아이템을 시작했다. 일부 채권자들은 연락 두절되었다가 다시 나타난 C 업체 사장의 말을 믿으려고 하지 않았다. 하지만 그럴수록 C 업체 사장은 매달렸다. 정말 죽기 살기로 처절하게 매달렸다. C 업체와 거래했던 채권자들은 하나둘씩 일단 기간을 줘보기로 하고, C 업체 사장은 급한 빚 독촉에서 벗어날 수 있었지만, 빚이 없어진 것은 아니었다.

다만, 시간만 늦춰졌을 뿐이었다.

C 사장은 기존 디자인에 독특한 문양을 넣은 스타일의 의류를 런칭, 유통을 시작했다. 날염 위치도 기존 스타일과는 달리 획기적인 스타일을 시도했다. 보통 날염 셔츠의 경우 옷 중앙 배 위치에 날염이 왔었지만, C 사장은 어깨 위로, 봉제선으로 날염을 올렸다. 또한, 날염하고 워싱 처리를 시도, 'C 날염'이라는 별칭도 생겨날 정도로 유명세를 날렸다.

C 업체 사장은 결국 성공적인 브랜드 런칭에 성공하고, 지금은 다시 국내 대표 브랜드로서 성공적인 사업가의 길을 걷는다. 만약 어려운 시기에 생각을 달리했다면? 어린 아들의 전화가 가장 큰 도움을 줬던 것이 사실이지만, C 업체 사장의 마음가짐도 중요했다. 결국, 어려움을 딛고 다시 일어선 사람은 그 누구도 아닌, C 업체 사장 자신이었기 때문이다.

실패 사례를 먼저 알고 대비한다면 돈이 된다. 기업주 경험을 지닌 실패 소스를 찾아 인터뷰하고, 실패 사례를 모아 목록화한다. 책자로 정리하는 '연감'을 통해 실패 연감을 만들도록 하고, 실패 노트를 정리해서 실패학 강사로 나서는 것도 방법이다.

'성공학'만 가르치는 사회에 실패자를 우대하는 분야가 없다. 실패자도 결국 얼마 전엔 성공자이거나 도전자였다는 점이 중요하다. 실패를 공유해야만 예비 창업자 및 기업 오너들에게 도움이 된다는 점을 봐야 하는 것이다.

실패학 전문 강사로 활동하라

실패를 대비하면 성공에 대한 자부심이 생긴다. 실패를 알면 실패하지 않는다. 수많은 창업준비자 및 기업 경영주에게 필요한 정보 서비스 사업의 시초가 된다.

회사에서 해고당했는가?

직장에 버티지 못했으니 '실패'라고 생각하는가?

그렇다면 당신의 지금까지의 목표는 '회사에서 버티기'였는가?

그렇지 않다면, 왜 실패라고 생각하는가?

남들은 버티는데 나만 회사에서 밀려났다고 우울한가?

남들은 출근할 직장이 아직(?) 있는데, 나는 내일부터 나갈 회사도 없고 나를 오라고 하는 사람도 없는가?

이런 고민은 이제부터 필요 없다. 내가 해고당한 이유에 대해 억울하다면 억울한 이유를 노트에 적고, 내가 열심히 일했음에도 해고당한 이유를 분석하자. 내가 이 회사에 들어오기 전에 어떻게 준비했고, 어떤 부서에서 열심히 일했으며, 직장 동료들과 어떤 관계를 지냈는지 분석하자. 표로 만들고, 해고당하기 좋은 이유를 요약하자.

이제 당신은 실패학 전문 컨설턴트 사업가로 변신할 차례이다. 애꿎은 보험 설계사나 택시 기사가 되어 아는 대로 당장 움직이다 보면 주변 친구들과 아는 사람들도 다 끊어진다. 오히려 실패 강사로 새로운 분야를 도전하여 역사가 되는 게 중요하다.

가족 회사

'가족 회사'를 지원하는 법을 통해
대한민국 전체 가정의 '회사化'를 도모

"집에 들어올 때는 과자 한 봉지라도 갖고 들어와."

어르신들의 말씀이 기억난다.

밖에서 일하면 집에 올 때는 뭐라도 손에 들고 들어오라는 얘기다.

재산을 늘리고 재물을 늘리라는 일종의 징크스라고 할까?

그때마다 한편으론 그런 생각이 들었다.

'그냥 집에서 가족끼리 사업하면 될 텐데?'

'집에 오면서 뭘 갖고 오려고 하는 대신에 집에서 장사하면 되는데.'

바깥일과 집안일을 구분하던 어르신들의 이야기.

바깥양반과 집사람으로 통칭하던 아빠와 엄마.

고정관념을 깨고 가정=회사를 생각하게 되었다.

미국發 서브프라임 모기지(Subprime Mortgage: 비우량 주택담보대출) 사태(저신용자에게 고금리로 주택담보대출을 해온 대부 업체들의 연이은 파산 사건)로 인한 세계 경제 위기에 유럽을 비롯한 아시아와 중동 지역 국가 등 지구촌이 몸살을 앓았다. 미국은 은행을 통해 기업들에 자금 지원을 무제한 해주겠다고 하는데, 결국 금융 산업 구조상 아시아 지역을 비롯한 다른 국가에서 투자로 벌던 돈을 적극적으로 회수해서 미국 국내 경기 부흥 지원을 위해 써야 할 지경이다.

우리나라 주식이 연일 폭락했던 이유도 그와 같은 연유로 보는 시점이 적절하다. 외국인이 연일 팔자로 나서는 것은 정도의 차이가 있긴 하겠지만, 미국 경기가 나아지지 않는 한 기한 없는 폭락장이 이어질 수밖에 없다.

외국인이 국내 주식시장과 금융권에서 돈을 빼가면서 한국은행은 유동성 확보를 위해 덩달아 콜금리를 인하하고 시중에 돈을 풀겠다고 한다. 외국인들이 돈을 빼간 만큼 한국은행이 충당해서 지켜주겠다는 것이다.

하지만 이 대책은 살얼음판을 걷는 기분이 들 만큼 위태롭게만 보인다. 외국인들이 돈을 빼가니 우리나라 자체적으로 돈을 더 찍어내서 막아보자는 건데, 아르헨티나, 폴란드, 우즈베키스탄 등의 위기 국가가 곳곳에서 징후를 보이고 있는 시점에서 자급자족 경제시대가 아닌 것이다.

한때 펀드 투자가 온 국민의 재테크 수단으로 인기를 끌었다. 하지만 미국發 경제 침체로 인해 신흥 시장인 중국, 인도 등 해외 채권에 투자했던 펀드 수익률이 폭락하고 막대한 손실을 본 투자자들이 한숨이다. 그러나 완전 바닥은 아니다. 깡통을 찬 경우를 제외하곤 아직 잔고가 남아있는 시점에서 손실을 만회할 수 있는 투자처를 연결하자.

투자할 곳이 없다?
세계 경기가 다 안 좋은데 투자처가 없다고 하기엔 이르다. 사람들은 이미 먹고, 마시고, 입고, 사는 장소 비용도 줄이기 시작했다.
매력적인 투자처는 있다. 펀드, 옵션, 부동산, 금융 등 기존에 잘 알려진 재테크용 자산에 투자하기 어렵다면 '사람'에 투자하자.
경제의 주체는 '사람'이기 때문이다.
돈을 쓰고 돈을 버는 주체는 결국 '사람'이다. '사람'에게 투자해야 한다. 인위적인 경기 부양책을 실물 재테크 수단에 투자하려고 찾다 보면 '사람'이 움직이지 않는 한 경기가 살아나지 않는 걸 알게 된다.

'사람'에 투자한다는 건 '사교육비 증가'를 불러오는 인재 양성(?)을 말하는 게 아니다. 이익을 추구하는 '법인'을 지원하는 게

지금 당장 시작할 수 있는

아니라 실질 소비 주체인 '사람'에게 투자해야 한다는 것이다. '사람'이 적극적인 소비 주체로 나서게 하려면 동기부여가 되는 '비전'을 제시해야 하는데, '비전'이란 스스로 일어설 수 있는 '여건'을 조성해 주는 데 있다.

'가족 회사'를 지원하는 법을 통해 대한민국 전체 가정의 '회사化'를 도모

가족 구성원 간의 단합도 이룰 수 있고, 경제 위기로 우려되는 사회의 기초 구성단위인 가정의 해체도 막을 수 있다.

'가족 회사'의 아이템은 인터넷 산업과 식생활 구조로 생각할 수 있다. 집에서, 부엌에서 만드는 '반찬'도 상품이 될 수 있고 이는 멜라민과 각종 유해 식품으로 식단이 걱정되는 시대와도 제대로 적용된다.

소자본으로 무료로 시작 가능한 인터넷 산업도 활용 가능하다.

'Daum' 등에서 인터넷 카페와 블로그를 활용한 매매 구조를 제시해서 가족 회사 간 거래를 유도하게 되면, 가족 시장이 살아난다. 개개인의 주거지를 사업장으로 지정할 수 있는 사업 범위를 확대하고, 세제 지원과 창업 교육을 통해 가족 회사를 활성화하자.

유럽의 경제 대공황을 이겨낸 것도 사실 알고 보면 '가족 회사' 시스템을 가진 회사만이 살아남았다. 국가별 경제 위기 상황엔 국가 정책 스스로 해법 찾기가 어렵다. 어려운 국가 입장에 '스스로' 무슨 해법이 나오겠는가? 국가 구성 기초 단위인 '가족 구성원'이 '경제 공동체'로 진화해야 할 시점인 것이다.

유럽의 패션 기업들은 대개 가족 회사들이다. 패션 기업의 특성상 상품 기획, 디자인, 샘플 개발, 상품 출시와 유통 및 판매에 이르기까지 디자인 정보에 대한 보안 유지가 생명이기 때문이다.

가족 회사의 좋은 점은 기밀 유지가 안심되고 가족 구성원 간에 상하 직원 관계보다도 더 친밀한 혈연관계로 가족공동체 의식 구축이 이미 있기 때문이다. 새로 직원을 채용하고 브랜드와 공동체 의식을 심어주기 위해 교육하다 보면 비용과 시간적 소비가 잇따른다. 결국, 제아무리 경력 직원을 데려온다고 해도 바로 '써먹을 수가 없다.'는 게 문제란 점이다.

능력 높은 경력 직원이란 우리 회사가 아니더라도 다른 회사에서 눈독 들이는 사람, 즉 인재란 뜻이므로 인재를 잡아두려면 그에 상응한 높은 비용이 요구된다.

'인재'에게 회사에 대한 충성심을 요구할 수 없다. '인재'란 영리한 나머지 자기가 속해야 할 자기 위치를 정확히 가늠하고 자기 이미지 구축을 위한 자리 이동도 서슴지 않는다. 같은 조직 내에서 성장하는 법도 잘 알아서 인재의 성격에 따라 직원들 간 조화도와 위화감이 좌우된다.

대표적 가족 기업, 신당동 떡볶이 가게. "고추장 비밀은 며느리도 몰라."로 유명한 마복림 떡볶이란 곳이 있다. 하지만 여기 들르는 수많은 손님은 광고 이미지를 보고 올 뿐, 직접 가서 맛을 보기 위해 들르는 것만은 아니다. 맛은 둘째치고 TV 광고를 통해 인지도를 얻은 덕이다.

가족 회사의 나쁜 점은 수익 창출이 기본 존재 이유가 되는 기업의 특성과 가족 유대감과의 구분을 명확히 해야만 한다는 점이다.

'가족의 정' 때문에 기업의 이성적 수익 창출 활동이 영향을 받으면 안 되다는 것이다. 인간적 가족의 정을 내세우다 보면 기업의 존재 가치 인식과 위기관리 능력이 자칫 소홀해질 수 있고 아무것도 아닌 것처럼 생각한 정보의 유출로 때아닌 위기에 직면할 가능성이 농후하다.

가족 주식회사의 시대가 왔다.

가족 회사로는 가정의 가장인 아버지의 사업을 잇는 대물림 사업도 좋고, 신세대에 들어온 자녀의 고유 아이디어를 사업화한 신규 사업도 좋다. 무엇보다도 온·오프라인을 겸하여 도전하는 가족 사업이 좋다.

이탈리아 베네통 브랜드도 가족 사업으로 시작했다. 베네통 그룹의 대표 브랜드는 United Colors of Benetton과 SISLEY 로서, 창립 30년 만에 전 세계 1백 20개국 7,000여 개 매장을 설립하고 매년 1억 벌 이상의 옷을 판매하고 있는 세계 굴지의 의류 기업이다.

해마다 선보이는 1천 5백여 종의 신제품에 광고하기보단 트렌드와 문화 코드를 타깃으로 광고하는 게 특색이며, 베네통 家의 경영 방향인 평화주의와 환경보호 캠페인을 지속해서 전개하고 있으며 거기에 독특한 광고로 인해 높은 기업 인지도를 얻고 있다.

베네통 그룹의 시초는 이탈리아의 작은 4평짜리 가게가 전부였다. 가족이 모여 스웨터를 제작하고 팔기 시작하면서 날개 돋친 듯 판매된 스웨터로 베네통 그룹이 성장할 수 있게 된 계기가 되고, 그에 따른 자금이 모였다.

장사는 반드시 혼자 해야 한다.

비단 옷 장사뿐만 아니라 모든 '사업'에 공통된 이야기이기도 하겠지만, 사업의 실패 뒤엔 '같이 해서 망한 사람들'이 많다. 동업하다가 깨진 경우도 많고, 친척끼리 하다가 가슴에 상처만 남기고 떨어진 경우도 많다.

사업하는 데 '위기'란 항상 근처에 도사리고 있다가 언제든지 순간 포착만 되면 회사를 공격한다고 생각한다. '위기'에 대응할 힘이 없는 회사는 언제든지 무너지고 마는 것이다. 회사의 위기 대응력이란 결국 '회사 구성원들의 단합'에서 나온다. 사원 모두가 회사를 생각하고, 회사 발전을 위해 단합되어 있다면 회사는 철옹성으로 성공을 이룬다.

하지만 인재 관리에 실패한 회사는 내부 단합이 이뤄지지 않고, 아무리 좋은 상품을 지닌 회사라고 하더라도 직원들로부터의 자발적 애사심(愛社心)이 없는 경우 자그마한 충격에도 무너지고 만다.

가족은 '단합'을 강조하기에 가장 좋은 구성원임이 확실하다. 하지만 회사 차원에서는 소수의 진짜 가족보다 전체 구성원을 가족으로 만드는 것이 명제이다. 소수의 진짜 가족이 다른 직원을 남처럼 만들게 되는 경우가 많다.

작지만 우리 가족 사업이 될만한 아이템으로 미래의 세계 기업이란 비전을 심어보는 것도 창업 가정의 비전이 될 수 있다.

약손 봉사단

생활 불편 대행 프러포즈 사업

요리는 좋아하지만, 설거지는 망설이는 사람들이 있다.

외식은 편하지만, 집에서 식사 차리기에 부담되는 경우다.

그래서

설거지를 식기세척기에 맡기는 사람들이 생겼다.

배달 음식을 배달 업체에 맡기는 사람들도 생겼다.

쌀을 판매할 때도 씻은 쌀을 사는 사람들이 생겼다.

밥을 먹을 때도 공깃밥을 사 먹는 사람들이 늘어났다.

생각해본다.

이러다가는 1인 가구의 편리성이 더욱 늘어날 것이다.

나 혼자 살아가는 편리함이 극대화되다 보면 1인 메이드(maid)

시장이 생긴다.

반드시 남의 손을 거쳐야 하는 일을 말하는 게 아니다.

내가 할 수 있지만 귀찮은 일, 성가신 일을 대신해주는 사람

1인 가구 전문 메이드 서비스(maid service) 시장을 떠올린다.

지금 당장 시작할 수 있는

여자 친구를 사귄 지 5년, 27살 된 남자 후배의 결혼 골인 작전을 소개한다. 대학에 다니던 시절에 친구의 소개로 만나 사귀기 시작한 후배는 여자 친구에게 이렇다 할 프러포즈도 못 한채 5년 가까이 사귀게 되었다.

그동안 연락이 뜸해졌을 때도 있었고, 매일매일 만날 정도로 보고 싶어 미치겠다던 시절도 겪었다. 남자와 여자 두 사람은 상대 모르게 다른 여자, 다른 남자를 만나보기도 했지만 결국 두 사람이 인연이란 걸 알고 서로 마음을 고백하고 결혼을 앞두게 되었다.

하지만 여자 친구로서는 한 가지 아쉬운 게 남자 친구에게 특별한 프러포즈를 받지 못했다는 점인데, 하루는 남자 후배가 아이디어를 냈다고 한다.

평소와 같은 하루. 후배는 자동차를 몰고 여자 친구가 근무하는 회사 앞으로 가서 횡단보도 건너에서 여자 친구에게 전화를 걸었다.

"난데, 지금 창밖 내다볼래?"

아무 생각을 하지 못했던 후배의 여자 친구는 사무실에서 일어나 창가 쪽으로 가서 밖을 내다보니, 남자 친구가 건너편 횡단보도에서 자동차 앞에 서 있는 게 아닌가?

자신의 여자 친구가 창 안에서 보이자 후배는 자동차 뒤 트렁크를 열었다. 그 순간, 오색 찬연한 풍선이 하늘로 올라가는데, 풍선이 거의 다 올라갈 무렵 이끌려 나온 현수막엔 "00야, 결혼해줘!"라는 직접 쓴 글씨가 있는 게 아닌가?

어리둥절해하던 여자 친구 얼굴이 감동하는 순간 후배는 여자 친구의 사무실로 들어가서 꽃다발을 내밀며 반지를 꺼냈다고 한다. 여러 회사 동료가 보는 앞에서 난데없이 프러포즈를 받은 여자 친구는 결국 후배의 결혼 신청을 받아들이게 되고, 둘은 결혼했다는 것이다.

그로부터 6개월 후.

우연히 만난 후배에게 결혼 생활이 어떤지 물었다. 그러자 그 후배 하는 말이,

"텔레비전 새로 사면 얼마나 좋아요?"
"글쎄, 한 5개월 가나?"
"결혼도 그래요."

후배의 아내가 들었다면 기분 나빠할 소리일 수도 있지만, 결혼에 대해 이미 겪은 남자는 자기가 아는 결혼에 대해 담담한 얼굴이었다.

남자와 여자가 사귀면 여자는 사랑을 확인하려고 하고, 남자는 자신의 곁에서 든든한 동지가 되어주길 바란다. 그러나 이는 어려운 일이다. 여자 친구를 사귀던 남자 중에는 이따금 여자 친구로부터 헤어지자는 통보를 받기도 하는데, 대부분 '우리 이제 그만 만나.'로 시작하는 이별 통고엔 사랑 승부에서 승패를 가릴 경우, 남자들이 주로 '패자'가 된다.

　사랑하는 것도 승자와 패자로 나뉘는데, 그 이유는 심리 싸움도 필요하고 사랑을 더 얻기 위한 치열한 두뇌 싸움도 필요하기 때문이다. 그러나 어찌 되었건 여자 친구로부터 이별 통보를 받은 남자는 패자에 속하는데, 대부분의 경우 여자 친구에게 '이벤트'를 못 해준 남자들이 많다.

　회사 앞까지 찾아가 꽃 달린 풍선과 프러포즈를 하는 남자도 있는 반면 이벤트 하나 없이 그냥 만나다가 결혼하는 사이도 있다.

　실제 어느 잘 알려진 여자 방송인의 경우, 유학 시절 결혼을 했는데 같은 대학에서 만나던 남자 친구를 기다리다 못해 자기가 먼저 물어봤다고 한다.

　"우리 결혼까지 이어질 수 있을까?"
　그러자, 남자 친구가 하는 말,
　"우리 결혼하는 거 아니었어?"

이미 남자는 '이 여자와 결혼해야겠다.'라고 생각하고 있었지만, 표현을 중시하는 여자의 마음을 모른 것이었다. 남자는 느낌으로 일을 처리하는 반면, 여자는 표현해야만 사실로 받아들인다. 남자의 마음을 몰라주는 여자가 아니라 남자가 표현하지 않아 남자를 이해하지 않는 여자들이 많은 것도 사실이다.

생활 불편 대행 프러포즈 사업

남자와 여자가 만나 사랑을 하고 가정을 꾸린다는 건 인생의 과정이다. 인류 역사가 지속하는 한 영원히 이어진다. 하지만 남자와 여자는 서로 사랑해야 할 의무를 지녔음에도 서로 잘 몰라 다투며 이별하고 헤어짐을 반복한다. 그리고 남자와 여자는 서로에게 싫증 내고 아예 혼자 살기에 나선다.

이때 혼자 사는 여자들에게 생활 불편 문제가 많아지는데, 싱글 여자를 위한 사업이 바로 '생활 불편 대행 프러포즈 사업'이다. 유능한 바람둥이는 프러포즈 대행이 필요 없다지만, 세상엔 유능한 플레이보이가 적다면 프러포즈 대행업이 살아날 수 있는 방법이기도 하다.

여기서 말하는 프러포즈란 여성의 불편을 해결해준다는 프러포즈를 말한다. 남자 친구가 있는 여성은 혼자 살더라도 여러 어려운 일, 즉 짐 운반, 숙제, 싱크대 청소 등을 부탁한다. 그렇지 못한 싱글 여성의 경우 혼자 살기에 불편한 여러 문제가 생긴다.

이성 간의 결혼을 승낙받기 위한 프러포즈는 사랑하는 사이에서 필요하다는 전제가 깔리지만, 어떤 프러포즈이건 사귀고 싶은 사람에게 무조건 감동만 전달하려고 하기보단 진실함이 중요하다. 여자에겐 남자가 진실하더라도 여자가 생각하는 남자에 대한 느낌이 더 중요할 경우가 많다.

이성 간 프러포즈 대행 사업은 이렇듯 남자와 여자 양쪽이 서로 사랑하는 사이가 아니라면 '진실하지 못한 감동 위주 깜짝 파티'로 치달을 경우가 많고 실패할 공산이 크다. 남자와 여자가 최소한 상대방에게 호감을 느끼고 있어야만 성공 가능성 높은 프러포즈 대행이 가능한 것이다.

'이성 간 프러포즈 대행 사업'은 레드오션, 즉 기존 여러 업체에서 진행 중인 사업이다. 이벤트 회사도 뛰어들고, 결혼 중개 업체도 진행한다. 레드오션이란 소자본으로 적은 인원이 뛰어들 사업이 아니란 뜻이다.

많은 경쟁자가 없는 분야, 블루오션으로 브랜드 인지도와 사업 성공 가능성이 높은 틈새 분야는 바로 싱글 여성을 위한 '생활 불편 대행 프러포즈 사업'이다.

이와 비슷한 사업으로 2000년대 초반 미국에서 처음으로 시도한 사업으로 미국 싱글 여성을 위한 파이프공(배관수리공) 파견 사업으로 큰 성공을 거둔 사업이 있다. 미국에선 혼자 사는 싱글 여성들의 가장 큰 문제가 싱크대 막힘인데, 마땅히 혼자 해결할 방법이 없던 여자가 이러한 불편을 감안, 직접 창업해서 서비스를 시작했다. 결과는 대성공. 지역마다 취업차 도시에 살던 싱글 여성들의 요청이 이어졌고, 사업을 처음 시작한 여자 사장은 유명 인사가 되었다.

혼자 사는 여자는 못 박기, 화장실 막힌 변기, 도배, 페인트칠을 잘 못한다. 벽에 그림 하나를 걸기 위해 망치와 못을 준비해봐도 적당한 위치에 못을 박고 그림을 거는 일을 혼자 잘할 수 없다.

여자 혼자 사는 집을 본 적 있는가?

거리에 다니는 아리따운 여성을 보더라도 그녀의 집까지 예쁘게 꾸며놨을 거란 생각은 금물이다. 여자는 자기 보이기에 열중하는 타입일 뿐, 자기 혼자 사는 집 꾸미기엔 서투른 여성이 많다. 남에게 보이기 위한 치장은 잘하지만 자기 혼자만의 공간에선 꾸미고 가꾸고 하는 일은 잘 못할 수 있다.

남에게 보이는 치장은 능숙하지만, 자기를 위한 생활 관리는 어려운 혼자 사는 여성, 이들을 위한 독신 여성 생활 서비스 사업이 바로 '금손에게 맡기세요!'이다. 생활 서비스 종류로는 못 박기, 화장실 뚫기, 도배하기, 이삿짐 나르기 등의 분야로 나눠 여자 고객에게 집중적으로 홍보하는 게 사업의 관건이다.

지금 당장 시작할 수 있는

생활 서비스 사업의 직원 나이는 20대에서 30대 초반. 명찰 착용과 신뢰감 이미지는 필수이다. 화장실 막힌 변기 뚫기 등의 3D 업종에 약손 대학생 남자들이 활동하는 콘셉트이다.

수익 구조를 보면, 수요가 있어야 수입이 생긴다는 가정하에서, 서울 지역 나 홀로 독신 여성 가구 수가 바로 예상 소비시장이 되는데 이를 살펴보면, 통계청 자료에 '싱글족'이라고 규정할 수 있는 1인 가구는 2003년 기준 220만 가구로 매년 10% 이상 증가하고 있으며, 2008년엔 300만 가구가 넘을 추산이다. 그렇다면 남자와 여자 독신 가구 수를 감안할 때, 50%가 여자 독신 가구라고 보면 150만 가구가 이 사업의 수요 시장이다.

모 방송을 통해 소개된 혼자 사는 여성을 말하는, 이른바 '싱글족'은 혼자 사는 것 자체가 즐거운 사람들로 생활 속에서 다양한 레포츠를 즐기고 싱글들을 위한 파티에 참석하는 걸 더 즐기며 사는 이들을 말한다.

'금손에게 맡기세요!_화장실 변기 뚫기 대행 사업'은 잠재 고객이 150만 명이 존재하는 시장인 셈이다. 게다가 매일매일 하루에 한 번은 무조건 시장이 열린다. 그들 대부분은 서울을 비롯한 수도권에 거주한다. 수도권에 밀집된 싱글 여성을 대상으로 직접 서비스할 경우, 고객집중이 된 사업영역 확보도 용이하다.

이 사업의 정식명칭은 '금손 찬스 생활 불편 서비스'이다. '화장실 변기 뚫기'란 본 사업의 홍보를 위한 대표 문구가 된다. 여자 혼자 사는 집의 가장 큰 문제는 '화장실 막힘'인데, 누구를 부르기도 뭐하고, 혼자 처리하자니 더러운 이물질 묻을까 봐 영 개운치가 않다. 여자 혼자 사는 집에 '화장실이 막히면 여자 속도 막힌다.'

'생활 불편 대행 서비스'는 혼자 사는 여자가 겪는 모든 생활 불편이 수익화된다. 싱크대 뚫기를 비롯한 무거운 짐 운반해주기, 소파를 옮기는 등의 집 정리 도와주기 등은 물론, 컴퓨터 고쳐주기, 전기장치 수리하기, 못질하기, 커튼 달기 등도 포함된다.

이 사업은 거창한 오프라인 매장과 사무실 공간이 필요하진 않다. 다만, 기존 시장이 아니라 신규 창출 시장이기 때문에 사업 시작과 동시에 홍보에 주력해야 할 필요가 있으며 시장 선점을 하게 되면 그만큼 브랜드 파워가 생겨 효과적 사업 아이템으로 자리 잡을 수 있다.

결혼은 창업이다

결혼하세요? 창업하세요!

A와 B가 만난다. 동업하기로 한다.

C 회사와 D 회사가 만난다. 거래하기로 한다.

그렇다면 남자와 여자가 만나서 연애 말고 사업을 하면 어떨까?

"우리 사귑시다.", "우리 결혼해." 프러포즈 대신

"그쪽이 내 스타일인데 우리 같이 사업해 봅시다."

연애의 시작 말고 사업의 시작 어떤가?

연애는 남자와 여자의 지갑이 가벼워지고 시간을 써야 하는 것.

사업은 남자와 여자가 만나 돈을 벌고 시간을 투자하게 된다.

연애 대신 사업,

결혼은 곧 창업이면 어떤가?

남자와 여자의 결혼은 자기 인생의 행복을 꿈꾸는 시발점이다. 남자와 여자가 있어야 가정이 만들어지고, 자녀가 태어나며 국가가 이어질 수 있다. 국민이 없으면 국가가 구성될 수 없는데 남자와 여자가 만나야 국민이 생기기 때문이다.

　국가의 3요소는 국민, 영토, 주권이다.

　영토 범위엔 영토, 영해, 영공도 포함된다. 국가는 무엇보다도 국민이 있어야 한다. 국민이 있어야 세금을 내고 국경을 지키며 군인이 되어 적들에 대항하여 나라를 지킨다. 국민이 사업을 해야만 국가 세원이 풍부해지고 나라 융성에 힘을 얻는다. 그래서 정부는 국민에게 소득 활동을 장려하게 되고, 국가 입장에선 사업을 영위하는 국민이 많아야 국가 운영 및 발전에 지원을 받을 수 있다.

　이에 비하여 사업의 3요소가 있는데, 사람, 자본, 기술이다. 우리나라의 사업 성공률은 7%, 100명이 사업을 시작할 경우 7명 정도가 성공한다는 통계이다.

　다시 말하자면 국가의 구성 3요소 중 '국민'이 사업하여 성공할 확률은 7%인 셈인데, 2007년 한해 외국으로 유학을 나간 학생 수가 199만 7천 명이라고 하고 2008년 대입 수능 응시 지원자 수가 56만 명이라고 할 경우, 한 해에 우리나라에서 소득 활동을 하는 성인이 되는 수가 약 50만 명이 넘게 되는데, 그 가운데 7%인 3만 5천 명 정도가 사업가로서 성공 가능하다는 이야기가 된다.

사업 성공률이 7%라고 하면 사업을 시작하는 한정된 수치에서만 산출된 확률이라기보다는 소득 활동을 하는 모든 개인사업자 및 직장인까지 포함한 수치가 되어야 한다. 우리나라 대기업에서 이사로 진급할 확률은 2%라고 하는데, 100명의 신입 사원 중 2%가 이사로 진급하고 다른 98명은 사회로 진출해서 자기 사업을 하게 된다는 것과 같기 때문이다.

결국, 통계 산출 시점의 사업 영위자 중에서 성공자의 비율을 따지기보다는 잠재적 사업가들까지 포함된 수치를 감안하여 3년 이상 흑자로 운영되는 사업체의 부장급 이상 간부 사원까지 산출한 수치가 사업 성공률이라고 보면 된다. 또 다른 말로는 직장에서 부채 없이 사회생활을 영위하는 성인의 숫자도 사업 성공률에 포함되어야 한다. 그렇다면 한국의 사업 성공률은 훨씬 상승할 것이며 그만큼 국민들의 행복 만족도도 증가할 것이다.

결혼하세요? 창업하세요!

결혼은 성인들이 하는 가정을 꾸리겠다는 약속이다. 가정을 꾸리게 되면 남자와 여자의 사랑을 우선하게 되지만, 국가 입장에서 보면 세원이 늘어나는 것이다. 국가 입장에서 세원이 늘어난다는 것은 남자와 여자가 만나 '집을 얻고, 자녀를 낳고, 경제생활을 한다.'라는 의미인데 이 모든 활동에서 세금이 발생하고 국가로 귀속되기 때문이다.

그렇다면 가정을 꾸리는 남자와 여자는 국가에 지급할 세금을 어디서 받는가? 공무원이라면 국가로부터 노동에 대한 대가로 안정된 수익을 받지만, 이 또한 내 노동력 투자에 대한 대가이기 때문에 '내 노동력이 생산재로 소비된 사업 활동'이라고 볼 수 있다.

회사에 다니는 사람들도 마찬가지이다. 회사에서 직원을 채용하여 수익을 발생시키고 그 수익 가운데 비용을 빼고 남은 돈으로 재투자하고 사업을 확장해 나간다면 직원들의 월급은 인건비로 쓰이게 되는데, 직원들의 노동력을 금액으로 환산해서 비용으로 뺀다는 의미이다.

결국, 회사 입장에선 직원들의 노동력을 비용으로 생각하고 회사 발전을 위해 비용을 줄이게 되면 인건비를 줄이기 위해 감원 내지는 명예퇴직 등을 거행하게 되는 것이다.

반대로 직원 입장에선 자기 노동력을 투자하고 회사로부터 돈(수익)을 받는 구조인데, 자기 노동력이 회사에 필요 없거나 노동력을 더는 제공할 수 없는 상황일 때 직원은 비용으로서의 가치도 없어진다는 걸 이해하지 못한다. 오히려 직원인 자신이 회사에 꼭 필요한 사람이고, 회사는 내가 노동력을 제공해야만 굴러간다고 생각하는 직원들도 많다. 현실적이지 못한 생각이기도 하다.

따라서 회사에 다니건 자기 사업을 하건 모든 성인은 사업을 영위하는 것과 같으며, 한국의 사업 성공률이 7%라고 하는 건 모든 성인 가운데 7%에 해당하는 사람들이 국가 경제에 직접적인 도움을 주고 있다는 의미와 같다. 7% 안에 들지 못하는 사람들은 개개인으로 통계에 적용되는 수치가 아니라 그룹 집단으로 통계에 적용되는 수준의 수익 활동을 영위하는 것이다. 따라서 국가 입장에서의 사업 성공률이란 결국 개개인의 성공률과는 차이가 있을 수밖에 없다.

그렇다면 일반인들은, 즉 7% 범주 밖에서 수익 활동을 하는 사람들은 어떻게 해야 7% 안에 진입하고 국가로부터도 효율 높은 수익 단위로 인정받을 수 있을까? 답은, 둘이 하나가 되어야 한다는 점이다. 1+1=2인 것처럼 둘이 하나가 되면 통계에 적용되는 가구당 기본 단위가 배(倍)가 되는 것이다.

1인 소득 가정보다는 2인 소득 가정이, 2인 소득 가정보다는 3인이나 4인 소득 가정이 국가의 성장을 위해 더 필요하고 유익한 비용인 셈이다. 따라서 국가는 소득 활동을 장려하게 될 수밖에 없고, 이와 같은 이유로 벤처 투자 열풍이 불고, 소상공인 지원 센터 같은 국가 시책에 의한 정부 기관이 나오게 된다.

따라서 국가 입장에선 1인 가장 소득보단 맞벌이 가정이 더 바람직하고, 회사와 가정이 각각 소득 활동과 소비 활동으로 나뉘기보단 두 단위 모두 '소득 활동'으로 영위될 때 국가로서 더 좋다. 단시간에 국가 세원이 두 배로 늘어나게 되는 것이고, 각종 사회보장 지원 정책 등을 펼칠 수 있기 때문이다.

　나라가 어려울 때 국민이 새마을운동의 노동력 소득 단위와 금 모으기 운동을 통한 현금 소득 단위로 변경되자 국가가 급속도로 안정을 찾고 발전하게 되었던 이치와 같다.

　국가와 국민은 별개의 집단이 아니므로, 결국 국가의 소득 증대가 개인의 소득 증대로 이어지므로 개개인은 소득 활동에 더욱 많이 참여해야만 하는 동기부여도 된다.

　이와 같은 이유로 남자와 여자가 결혼해서 남자 소득만 가정이란 소비 단위로 들일 게 아니라 외부에서 주로 활동하는 부부와 주부 활동을 주로 하는 부부 활동으로 이익 추구를 해야 그 가정이 잘살게 된다는 논리가 성립한다.

　일례로 여행사를 하던 사장이 미혼남녀를 대상으로 웨딩 컨설턴트 프리랜서 활동을 하던 여자를 만나서 사귀다가 결혼했다. 이들은 결혼하자마자 새로 사업체를 열었는데 허니문 여행사가 그 시작이었다.

　그러나 이와 같은 소득 활동은 가정의 소득이 두 배가 된 게 아니라 남자와 여자의 소득 활동이 모여서 커다란 소득 창출이 가능한 하나의 소득 단위로 바뀐 것이기 때문에 엄밀히 따지자면 국가 입장으로서도 별 도움이 안 된다.

　남자와 여자가 만든 가정으로서도 그다지 바람직한 소득 구조가 나오지 않는다. 각기 다른 하나가 만나서 두 개가 된 것이 아니라 비슷한 두 가지가 만나서 하나가 된 것이기 때문에 결과적으로 가정의 소득은 줄어들게 된다.

여행사를 하던 남자와 웨딩 컨설턴트를 하던 여자가 만나 허니문 여행사를 차렸으므로 소득이 늘어날 것이란 기대와 달리 실질 소득은 줄어들게 된 것이다. 왜냐하면 각기 따로 소득 활동을 할 때는 각자의 생계를 지탱할 소비구조만 채우면 충분했는데 둘이 만나 하나가 되면 두 명의 소비를 책임져야 하기 때문이다.

여행사를 하던 남자이건 웨딩 컨설턴트를 하던 여자이건 각기 하던 대로 하면 혼자 살 때 벌던 소득만큼만 번다. 그러나 결혼을 하고 가정을 이루었으므로 음식비부터 두 배가 소요되는데 이상하게 돈을 버는 것 같으면서도 항상 부족하게 여기게 되는 것이다. 실제 소득도 줄어드는 게 맞다.

다른 사례도 있다.

의류 회사에서 대리점 영업 담당하던 남자가 의류 회사의 패션 디자이너랑 사랑에 빠졌다. 여자는 옷을 만들고, 남자는 옷을 판매하는 쪽으로 방향을 세워 결국 결혼하겠거니 생각했던 주위 사람들은 자기 눈을 의심했다.

의류 회사 매장 영업 담당자였던 남자와 사귀던 여자는 근무하던 의류 회사에서 직장을 옮겨 온라인 쇼핑몰 회사의 MD로 이직했다. 그리고 새로 옮긴 회사의 MD 부서 팀장과 결혼했다. 둘은 결혼한 이후 인터넷 쇼핑몰부터 시작하는 패션 브랜드 사업을 시작했다.

여자는 만들고 남자는 온라인에서 판다. 여자의 전 남자는 오프라인 매장 영업 담당이었다. 여자의 생각으론 더 현명한 판단을 한 셈이었다. 오프라인의 의류 브랜드 매출 상황을 아는 여자는 패션 시장이 온라인으로 옮긴 것을 알고 발 빠르게 생각을 거쳤던 것이다.

경제가 침체되고 소비자가 지갑을 닫는 불경기엔 남자이건 여자이건 선호하는 결혼 상대자로 공무원과 선생님 직업을 꼽는다. IMF로 대변되는 1990년대 후반 한국에서 여자들에게 물었더니 이상적 남자는 자영업자였다고 하는데, 회사로부터 잘릴 염려 없는 자기 소득 벌이 자영업자가 제일 좋았고, 상대적으로 급여가 적지만 퇴출당할 우려가 없는 공무원은 후순위였다고 한다.

그러나 2008년에 이르러 미국發 금융 신용경색에 따른 경기 침체에 따른 글로벌 경기 상황 악화엔 자영업자부터 넘어지니 이상적인 결혼 배우자 선호도는 또 달라졌다. 이번엔 공무원과 선생님으로 무조건 잘릴 염려만 없으면 된다는 식이었다. 돈은 조금 벌어도 된다는 것이다.

결국, 결혼 적령기의 남자이건 여자이건 간에 (위 조사는 주로 여자를 상대로 배우자감을 묻는 말이었긴 하지만) 배우자의 소득 활동을 기대하는 분위기가 조성되었다는 건 부인할 수 없다. 한 가정 구성원이라도 1인 가장 소득으론 안정적인 생활 영위가 어렵다는 방증이기도 하다.

결혼과 동시에 창업을 생각해야 한다.

결혼하는 순간, 막대한 혼수 자금과 집이 필요하다. 이때 창업하기 가장 좋은 자금이 마련된다. 결혼하는 남자의, 여자의 직장도 영원한 것이 아니다. 남자이건 여자이건 취미 생활만 할 생각은 버려야 한다.

신혼 가정에서 가장 좋은 창업 전략은 '혼수 자금'을 아끼는 방법이다. 2000년 후반, 한국의 혼수 자금은 남자가 전세자금 7천만 원 선, 여자가 혼수 자금 5천만 원 선이다. 무엇보다 안정적 생활이 가능한 주택이 마련되어야 결혼 이후에도 합리적인 가정경제를 꾸려나갈 수 있던 것이다.

하지만 건설 경기 최악, 미분양 아파트 증가, 소비 심리 동결로 모든 생산자 지수가 내리막길로 향할 땐 기초 생활필수품을 공략하기보단 자기 계발에 투자하려는 사람들을 공략하는 교육 사업과 역발상을 꾀하는 틈새시장으로 국내 거주 외국인을 위한 생활 서비스 시장을 공략해봄이 좋다.

국내 거주 외국인은 100만 명, 안산과 반월 지역의 외국인 근

지금 당장 시작할 수 있는

로자 집단 거주 지역을 포함해서 서울의 이태원 근처 주한 미국인과 강남 영어 학원가에서 근무하는 외국인들을 대상으로 한국 사교 모임 서비스 시장도 좋다.

또 한 가지 추천할 만한 시장은 결혼 이민으로 한국에 오는 외국인들을 위한 상품 서비스가 좋다.

모처럼 시내 지하철역 앞을 지나다가 드문 광경을 봤다. 한눈에 보기에도 동남아시아 지역 분들처럼 보이는 여성 다섯 분이 근처 길거리 분식집 앞에서 떡볶이와 어묵 꼬치, 튀김을 사는 모습이었다.

알아듣지 못하는 그분들의 언어였는데 저마다 아기 유모차를 하나씩 밀면서 어디론가 모임이 있어서 온 듯했다. 나중에 알고 보니 근처 모 사회단체에서 결혼 이민자 가정을 위한 문화 교실을 열었던 것이었다.

말로만 듣던 다문화(多文化) 가정, 이제 우리 현실에서도 흔한 일상이 되어버린 것인지 지난해 국내 결혼 통계를 찾아보게 되었다.

2007년 혼인통계를 보니 혼인(초혼, 재혼 포함)은 34만 5천6백 건으로 2003년 이후 증가세 지속했는데, 1월 및 2월에 혼인 증가 건수가 12,000여 건으로 초혼인 여자의 57.5%가 20대 후반(25~29세)이었다.

남자는 20대 후반에서 30대 초반에 결혼했고, 여자는 20대 후반인 경우가 압도적으로 많았다. 2007년 결혼연령 평균을 내보면 남자는 31세, 여자는 28세. 1970~1979년 사이에 태어난 아이는 연간 평균 60만 명, 그 후 점점 줄어들다가 2007년 신생아 수는 45만 명가량 된다. 이마저도 2006년도에 비하면 늘어난 수치라고 하는데, 쌍춘년 열풍에다가 황금돼지띠 열풍에 필(feel) 받은 부부들이 많았던 모양이다.

　2007년 우리나라 신생아 수는 45만 명가량이다. 반대로 낙태아 수도 35만 건이나 된다고 한다. 신생아 수의 80%에 해당하는 수치인데, 태어나지도 못하고 생명의 빛을 잃은 어린 생명의 운명이 안타깝다.

　한 가지 주목할 만한 사실은, 매년 증가하던 외국인과의 혼인이 2007년에는 38,000여 건으로 그전 해보다 감소했다는 점이다. 한국 남자와 외국 여자와의 혼인은 총 29,140건으로 중국 14,526건(49.8%), 베트남 6,611건(22.7%), 캄보디아 1,804건(6.2%) 순이었다.

　한국 여자와 외국 남자의 혼인은 총 9,351건으로 전년보다 1.4% 감소했다. 외국 남자의 국적은 일본 3,684건(39.4%), 중국 2,489건(26.6%), 미국 1,344건(14.4%) 순으로 전체의 80.4%를 차지했다.

　주목할 만한 수치는 2007년 혼인한 농림·어업 분야 종사자의 결혼인데, 이 분야에서 2007년 혼인한 남자 7,930명 중 40%에 해당하는 3,172명이 외국 여자와 혼인을 했다. 주로 베트남, 중국 국적 순이었다.

우리나라 결혼 수치의 10%는 한국 남자와 외국 아가씨와 결혼이라고 하는데, 앞으론 다문화 가정을 위한 문화 차이 해소 행사가 많이 필요할 것으로 예상한다. 엄마는 베트남 문화, 아빠는 한국 문화라면 그 사이에서 태어난 아이는 심리적으로 양국의 문화를 가진 셈인데 정부도 조심스럽게 이중국적 허용 문제를 논의한다는 게 이와 같은 연유 때문이다.

어릴 때 배웠던 단일민족 대한민국이 아니라 우리나라도 다민족국가로 서서히 진입하고 있는 것일까? 앞으로의 우리나라의 문화는 어떻게 전개될는지 그 방향에 맞춰 사업을 준비할 시기가 바로 지금이다.

이제 갓 결혼한 신혼부부에게 맞는 창업 아이템으로 결혼을 준비하는 남녀를 위해 알찬 결혼 정보 서비스 및 결혼 이민으로 한국에 온 타국 사람들을 위해 한국 결혼 문화 및 한국에서 외국인이 취업할 수 있는 취업 정보 서비스 등이 좋다.

실수로 돈 벌자

실수를 보관해드립니다. '온라인 회개 센터'

한 번 실수는 괜찮지만 두 번 실수는 바보다.

누구나 한번은 실수하지만, 연거푸 같은 실수를 한다면?

그건 아니라는 의미다.

그런데 실상은 어떤가? 매번 같은 실수를 하는 사람들이 있다.

길을 잘 못 찾는 '길치'도 있고, 충동구매로 쇼핑하는 사람들도 있다.

실수해놓고 '내가 그렇지 뭐.' 낙담하는 사람들

'그건 고질병이야.'라고 짜증 내고 말 것인가?

아니면 실수하는 사람들을 대상으로 사업할 것인가?

실수를 모아서 반복됨을 막아주는 사업을 떠올려보자.

실수로 낭비되는 돈을 막아준다.

지금 당장 시작할 수 있는

사람은 누구나 실수를 한다. 실수를 많이 하고 적게 하고의 문제가 아니라 누구나 실수를 한다는 게 포인트이다. 잦은 실수를 하다 보면 자기 자신이 정말 짜증 날 정도로 보일 때가 있고 화가 나기도 한다. 두 번 다시 실수하지 않으려고 하기도 한다. 사람들은 자신의 실수를 오래 기억한다. 언제 이런 적 있었지, 언제 저런 적 있었지 하며 같은 기억을 회상하고 실수를 예방하려고 든다.

　그러나 실수는 반복된다. 한 가지 재미있는 것은 실수를 반복하게 되는 자기 자신에게 나중 실수는 처음과 같은 실수가 아니라고 생각한다는 점이다. 나중 실수는 처음 실수와 다른 이유로 저질러졌다고 생각한다.

　'실수'로 돈 버는 이야기가 있다.

　주전자 뚜껑엔 왜 구멍이 뚫렸을까?

　후쿠이에라는 일본 사람의 이야기이다. 어느 날 잠을 자던 그는 부엌에서 들려오는 달그락 소리에 잠을 잘 수가 없었는데, 수증기가 주전자 뚜껑을 밀어 올려 나는 소리였다. 주전자를 데우지 말고 내려놓을까, 찬물을 더 부을까 고민했지만, 별다른 방법을 찾지 못한 그.

방 안이 건조해지는 것을 방지하기 위해 물을 끓이던 터에, 찬물을 더 붓자니 다시 끓게 되면 또 달그락 소리가 날 게 뻔했다. 그리고 주전자 뚜껑을 보다가 구멍 하나를 더 뚫은 요량으로 그 위에 송곳으로 찔러버렸다. 주전자 망가뜨린다는 생각이 채 들기도 전에 그만 구멍 하나를 내버렸던 것이다.

그러자, 달그락거리던 주전자는 조용해지고 그 구멍 사이로 나온 수증기가 방 안 습도도 조절해줬다. 그 후, 후쿠이에 씨는 특허청을 찾아 실용 실안을 획득하고 돈을 벌기 시작했다.

다음은 주름 빨대 이야기이다.

어린아이에게 우유를 먹이던 아이 엄마가 있었다. 하지만 아직 아이가 어려 누워 지내는 시간이 많았던 터라 누워있는 아이에게 우유를 먹인다는 건 쉬운 일만은 아니었다. 우유병을 아이의 입에 최대한 가까이 두고 빨대 등으로 아이에게 물려줘서 먹게 해보지만 이내 아이는 거추장스러운 빨대를 뱉어버리곤 했다. 게다가 우유병을 지탱해둔 것들이 아이가 움직이면서 쉽게 흐트러져 바닥으로 우유병이 엎어져 버리기 일쑤였다.

같은 일을 반복하며 골치 아파하던 아이 엄마는 어느 순간 아이디어를 냈다. 빨대에 주름을 넣어 어느 방향으로 휘더라도 안전하게 마실 수 있게 만든 것이다. 멀쩡한 빨대를 주글주글하게 망가뜨렸다. 그 결과 주름 빨대가 생겨났다. 특허 신청하고 사업화한 것은 물론이다.

우리가 접하는 세상 속 발명 라이프는 수도 없이 많다. 오늘 하루 눈을 떠서 다시 잠자리에 들기까지의 과정을 생각해 보자.

베개와 이불을 펼치니 침대가 있고, 그 앞에 텔레비전과 라디오, 헤어 드라이기, 천장에 전등과 침실을 나가려고 하니 손잡이를 돌리게 된다. 그뿐인가? 바닥에 카펫이나 장판이 있고, 슬리퍼를 신고 화장실로 가면 칫솔과 치약, 거울과 면도기를 쓴다.

수저와 숟가락을 들고 밑반찬을 담아둔 플라스틱 그릇을 열고 반찬을 덜고, 전기밥솥에서 밥을 덜어 식탁 위에서 식사를 한다. 넥타이를 매고 구둣주걱을 써서 구두를 신고 나간다. 엘리베이터를 타고 내려가니 출입문에 자동 잠금장치가 열리고, 자동차 키에 달린 원격 시동 장치로 시동을 걸어 자동차를 타고 회사로 간다.

회사에서 컴퓨터를 켜서 업무를 보고, 프린터로 출력해서 보고서 파일에 담아 결재판으로 결재를 올린다. 전화를 걸고 휴대폰으로 문자를 확인하고, 인터넷에서 쇼핑하고 나니 신용카드 사용 내역이 핸드폰에 찍힌다.

여기까지만 보더라도 우리 생활에 발명이란 요소가 얼마나 많이 있는지 알 수 있다. 사람들은 지구 탄생 시절부터 있던 물건을 쓰는 게 아니라 필요한 물건을 모두 만들어 쓴다. 모두 발명이라고 말한다.

작은 아이디어 하나가 '발명'이 되고, '창업'으로 이어지는 세상이다. 아이디어는 누구의 것도 아닌 나만의 것으로, 내가 발명하면 그게 돈이 된다. 발명이 창업이 되는 셈이다.

한 가지 재미있는 것은 생활 속에서 무심코 저지른 실수가 그만 돈을 벌어다 준다는 사실이다. 빨대를 구겨버리고, 자꾸 넘치는 주전자 뚜껑에 홧김에 구멍을 더 뚫었더니 돈이 되더란 이야기이다.

'실수'로 돈 번 사람들 이야기는 많다. 누가 돈을 실수로 벌겠는가?

그 이야기가 아니다. 자기가 저지른 '실수'를 아이템으로 다른 사람들의 같은 실수를 예방하는 사업을 하게 된 것이 포인트이다.

'실수'로 창업해서 돈 버는 이야기를 더 해보면 여성들의 패션 아이템 중 손꼽히는 하이힐이 있다. 같은 신발일지라도 여성들만 사용하는 하이힐이 있다고 하면 미국 영화배우 마릴린 먼로를 비롯한 스타들의 예쁜 다리와 어울리는 하이힐이 연상된다.

여성을 더욱 예쁘게 보이는 '하이힐'의 유래는 16~18세기 프랑스 베르사유 궁전에서 시작된다. 궁전은 아름다웠지만 사람이라면 누구에게나 필요한 '화장실'이 없었기 때문에 당시 사람들은 궁전 구석구석에서 급한 볼일을 봐야 했다.

날씨가 맑은 날엔 그렇다 해도 비가 오거나 할 경우 궁전 곳곳에 매설된 사람들의 볼일 후 부산물로 인해 여기저기 오물이 넘쳐났다고 한다. 따라서 당시 유행 패션인 긴치마를 입은 여성들의 경우 거리 곳곳의 용변에 옷을 더럽히지 않도록 굽 높은 신발을 생각했던 데서 비롯되었다고 한다.

그러나 여성의 다리를 길고 예쁘게 보이는 하이힐은 정말 '실수'로 만들어졌다. 왜냐하면 하이힐이 여성들에게 악영향이 적지 않기 때문이다.

하이힐은 여성들의 건강에 무지외반증을 초래하며 발목 염증은 물론이고 하이힐을 자주 신은 발바닥을 평발로 만들어 준다. 발뼈 기형을 초래하기도 하며, 허리와 척추를 휘게 하기도 한다.

때론, 드문 경우이긴 하지만, 하이힐을 신은 여성의 몸에 피의 흐름을 원활하게 만드는 데 방해 요인으로 작용해서 하이힐 매니아 여성은 중풍으로 고생하기도 한다.

주전자 뚜껑에 우연히 만든 구멍으로 돈을 벌고, 예쁜 아가에게 누운 채로도 우유를 먹이기 위해 주름 빨대가 생겼다. 그뿐만 아니라 화장실의 수가 부족할 당시 거리에서 용변을 보기 위해 만들어진 하이힐이 현대 여성들에겐 아름다움의 도전으로 받아들여지고 있다는 것이 아이러니하다.

세상엔 자신의 아무렇지도 않은 '좋은 실수'가 돈으로 바뀌는 것인데, 정말 글자 그대로 '실수'를 돈으로 만들 아이템은 없을까?

누구나 하는 실수, 사람들의 실수를 막아주고 그에 따른 수수료를 받는다면 이 역시 좋은 사업 아이템으로 발전할 수 있다. 실수하는 사람들을 위한 실수 방지 회사인 셈이다. 단 한 번의 실수로 수억 원을 날리거나 남의 이야기를 귀담아듣지 않는 실수를 저질러 돈 벌 기회를 놓치기도 한다.

필자의 주변엔 B라는 전산 프로그래머가 있다. 국내 굴지의 대기업에 취직해서 남 부러울 것이 없던 B는 우연히 C 코스닥 기업의 대표이사인 K 씨와 점심 식사를 하게 되는데, 이때 묘한 이야기를 듣게 된다.

B와 같이 식사하던 C 코스닥 기업의 K 대표는 B에게 "조만간 우리 회사에 좋은 일 있을 겁니다."라고 지나가는 이야기를 했다. 이 이야기를 들은 B는 회사로 돌아와서 동료에게 얘기했다.

"아까 점심 식사를 하는데, K 대표가 내게 자기 회사에 좋은 일 있을 거라고 하는데 왜 그런 얘기를 나한테 한대? 나는 프로그램만 짜주는 건데 말이야."

하지만 그 이야기를 들은 B의 친구는 며칠 뒤 회사를 그만뒀다. 유학을 간다고 했다. B는 송별회장에서 자신의 친구에게 아쉬운 작별 인사를 했다.

"아니, 우리 회사면 그래도 먹고살 만한데, 이 나이에 유학 가서 뭔 고생을 하려고 그래? 걱정되는데."

그러자, 그 친구가 B에게 얘기했다.

"네 덕분이야. 그때 C 회사에 좋은 일이 있을 거란 얘기를 전해 듣고 주식을 조금 샀어. 그게 올랐는데 그거 팔아서 유학 가는 거야."

이야기를 들은 B는 집으로 와서 C 회사의 주식 가격을 조회해보니 K 대표와 식사를 같이 할 때보다 자그마치 150배가 뛰어 있었다. 100만 원을 투자하면 1억 원이 된다는 셈이 가능했다.

B의 친구는 이야기를 듣고 300만 원을 투자했고, 3억 원의 수익을 얻어 집도 사놓고 하고 싶던 공부를 하러 유학길에 오른 것이었다. 남의 이야기를 귀담아듣지 않은 '실수'로 돈 벌 기회를 놓치고만 B는 남의 이야기를 쫓아다니며 뭔가 돈 될 만한 '꺼리'를 찾으려고 했지만 이미 지나간 이야기였다.

얼마 뒤 C 회사는 다시 가격이 하락을 이어가서 B가 K 대표와 식사를 하던 무렵의 가격보다 3~4배 정도 오른 가격에 시장을 형성했다.

이런 경우, B에게 필요한 것은 무엇일까?

바로 '남의 이야기를 들을 때 귀담아듣는 태도'를 가져야 한다는 점이다. 하지만 개인의 습관이나 버릇은 오랜 세월 동안 만들어진 것이라서 짧은 시간 안에 바뀌기가 힘들다. 그래서 사람들의 '실수'를 관리해 줘야 하는 돈 버는 기술 아이템이 가능하다는 논리이다.

실수를 보관해드립니다. '온라인 회개 센터'

기독교인들이 주기도문을 외울 때 의례 하는 말이 '시험에 들게 하지 마옵소서.'가 있는데, 이 또한 하나의 '시험'이기도 하다.

많은 기독교인이 기도하는 '시험에 들게 하지 마옵소서.'임에도 기독교인들은 생활 중에 많은 시험에 들고 하나님의 가르침과는 다른 길로 나아가는 경우가 허다한 것이다. 결국, '시험에 들게 하지 마소서.'란 기도는 자기 자신이 하나님의 말씀에 귀 기울이게 해달라는 또 하나의 '시험'인 것이다. 하나님은 사람들에게 시험을 피하는 기도를 알려줬지만, 이를 지키지 않는 쪽은 사람들이기 때문이다.

기독교인이건 아니건 사람들은 기도를 한다. 대개, 어떤 일을 이뤄지게 해달라는 소원을 말하는 게 기도인데, 기도하는 사람들을 위한 온라인 기도 사이트를 만들어 우주 속으로 전파화해서 전달하는 아이템이 있다.

일명 '기도 사이트'를 만들어 사이트 회원에게 반복 전달해주는 사업 방식이다. 사이트에선 미래의 자신에게 현재로부터 전하는 격려 메시지를 남기고, 나중에 그 시간이 되어 컴퓨터가 제때 맞춰 이용자의 핸드폰과 이메일로 알려주는 방식이다.

사람들은 자꾸 자기 실수를 잊어버린다. 같은 실수를 반복한다. 이들을 위한 실수 방지 프로그램 사업인 것이다. 하루에 벌인 실수를 기록하고 정기적으로 회원에게 같은 실수를 저지르지 않도록 되새겨 주는 사업이다.

쉽게 예를 들면, 내일 저녁 술자리 약속이 있다고 하자. 술자리는 괜찮은데 과음을 하게 되면 그 다음 날까지 속이 쓰려 고생을 하는 습관을 버리지 못한 K 씨. '기도 사이트' 회원으로 가입해서 연회비를 내고, 이용 신청을 한다. 내일 저녁 술자리 도중 몇 시경에 전화를 걸어서 '술 더 마시지 마라.'라고 요구해달라는 메시지를 남기는 것이다.

사이트엔 L 씨가 다소 부담스러운 돈을 건다. 만약, '기도 사이트'에서 제때에 전화를 걸거나 문자 메시지를 보내서 '술을 더 마시지 마라.'라고 했는데도 술을 더 마시면 K 씨가 선결제해둔 예치금의 이자율이 변동되는 방식이다. 일명, 예치금을 넣는 방식으로 '실수 방지' 알림에 대해 '승인'을 하면 K에게 돈이 다시 돌아가고, '거부'를 하면 사이트에 예치금의 이자율이 변동되는 방식이다.

기도 사이트에서 운영하는 유료 아이템 '실수 어드바이저'라고
할까?

이 사업 아이템을 처음 듣는 사람들은 흔히 '넌 실수 안 하
니?'라고 대꾸하는 사람들도 많다. 역으로 생각하면, '사람들 실
수를 막아준다면 돈 되겠다.'라는 아이디어이다.
실수는 사람의 매력이기도 하다. 실수하니까 사람이다. 그런
데 살아가면서 실수하기 싫은 사람들이 많다. 실수 어드바이저
사업으로 실수를 아이템으로 한 장사를 시작해보자.

기도 사이트에서 운용하는 '실수 어드바이스' 상품은 다음 사
례에도 적용된다.

대학생이 된 L 씨. 싱그러운 젊음이 가득한 대학 생활을 즐기
며 연인을 사귀려 하는데, 적당히 내숭을 떠는 등 매력이 있어
야 함에도 L 씨 성격이 워낙 털털한 성격인 탓에 애인 한번 사
귀지 못하고 대학 생활이 끝나게 생겼다.
결국, L의 친구는 소개팅을 주선하며 L에게 "절대로 상대 앞
에서 큰 소리로 웃거나 술을 잘 마시거나 하는 등의 매력을 상
쇄시키는 행동을 하지 마라."라고 신신당부한다. 이번엔 기필코

지금 당장 시작할 수 있는

연인을 만들겠다고 다짐한 L도 친구의 당부를 명심하며 지키려고 하지만 이내 자신이 없어지고, 결국 '실수 어드바이스' 상품에 가입해서 소개팅에 나선다.

'실수 어드바이스' 상품에 필요한 어드바이스 메시지로 시간과 내용을 입력하는데, '소개팅이 시작되는 몇 시쯤에 전화를 걸어서 소개팅 주의 사항을 전달해 달라.'라는 메시지를 남긴다.

실수 어드바이스 상품의 例

어드바이스 희망일: __:__:__
어드바이스 내 용: [_____]
어드바이스 연락처: 010-____-____
어드바이스 방 식: [음성|문자|팩스]
어드바이스 이용료: [____|____|____](방식에 따른 자동 설정)
어드바이스 횟 수: [___]회
어드바이스 예치금: ₩3,000|₩5,000|₩10,000|₩30,000

실수 어드바이스는 가까운 친구나 부모가 해줄 수 있는 역할도 아니다. 자기 혼자만의 프라이버시에도 신경 쓰이고, 소개팅이나 중요한 자리에서 사사건건 아는 친구에게 부탁할 수도 없다. 다른 이들도 자꾸 자기 실수만 고칠 수 있게 전화해달라는 부탁을 해오는 당신을 탐탁지 않게 여길 것이며, 부탁할 사람이 바쁠 경우 적당한 대리인을 찾기도 힘들다.

실수 어드바이스 사업에는 일반 컴퓨터 한 대면 충분하다. 인터넷 기능이 되는 속도 빠른 컴퓨터만으로 사업 준비 완료. 문자 메시지, 음성 메시지 전달은 별다른 기기 없이 인터넷 서비스를 이용하면 된다.

홍보 방법으론 '당신의 '실수'를 등록하면 포인트를 적립해서 상품을 드립니다.'로 하고, 실수를 많이 하는 사람들의 주목을 받도록 한다. 실수를 미연에 방지해달라는 소심증 사람들에게도 좋다.

'충동구매가 많아요. 충동구매하는 실수를 막아 주세요.'란 요구가 신청되면 충동구매를 예방할 수 있는 답안을 준비해서 실수 어드바이스 상품 가운데 적당한 답변을 전송하는 방식이 필요하다.

충동구매를 막아주는 음식 및 마음가짐을 설명하고 읽도록 하고, 실수예방 긴급번호 시스템을 만들어 핸드폰으로 사이트 회사로 전화를 걸도록 한다. 감정적 행동 성향이 높은 사람들에게 추천할 만한 사업이다. 이성보다 감성이 앞서는 사람들은 사 놓고 후회하는 일이 잦은데 이럴 때 사용하는 충동구매 예방 사업을 하는 것이다.

인공지능 기능으로 자신의 쇼핑 패턴을 분석하고 구매 후 후
회할 것인지 만족할 것인지 체크해주는 서비스이기도 하다.

창업을 도와주는
회사를 창업하다

사업 계획서 대행 회사

사업하는 사람들을 보면 대개 공통점이 있다.

어느 한 가지 일에 대해, 분야에 대해 전문가 소리를 듣는다.

그곳에서 일하다 보니 돌아가는 일도 알고, 업계 시장도 보인다.

자신감을 갖고 사업자를 등록한다.

그런데 문제가 생긴다.

사업은 하겠는데 사세 확장을 하려다 보니 사업 계획서가 필요하다.

사업은 해봤는데, 사업 계획서는 써 본 기억이 없다.

어디 가서 배울 수도 없다.

그래서 필요하다.

사업 계획서 작성 대행 서비스가 나오게 된다.

경기가 어려우면 설사약이 잘 팔린다. 식사 거르고 싸구려 음식 먹고 하니 제때 하지 못한 식사로 인해 위장에 탈이 난다. 이따금 뭐 하나 먹는 건데 제대로 탈 난다. 손발이 차갑고 어떤 음식을 먹어도 속이 더부룩하다. 신경성 위장약이 잘 팔리고 설사약이 잘 팔린다. 사촌이 땅 사면 배가 아프다? 내가 돈 못 벌면 배가 아프다로 고쳐야 맞다. 경기가 어렵다면 소화제, 설사약을 파는 제약 회사 주식을 사자.

여성들에게 인기 있는 패션 아이템이 있다면 단연코 미니스커트. 미니스커트가 잘 팔린다.

체감 경기가 나쁘면 사람들은 피부를 드러내는 속성이 있다. 속이 타니 치마 길이가 짧아지는 것일까? 실연을 당한 여자가 머리카락을 자르러 미용실에 들른다는 건 사랑이란 감정을 조절하던 단백질을 없애기 위한 행동의 작용으로 보인다는 연구 결과도 있었지만, 미니스커트를 입게 되는 이유는 여자의 여성성 강조에 있다.

경제가 어렵고 불황이 되면 여자는 능력 있는 남자를 향한 여성의 성적 매력을 강조하게 된다. 여성 비하 표현이 아니라 여성과 남성의 본성에 따르는 심리 상태를 말하는 것이다.

일례로, 여자가 남자를 생각할 때, 키 큰 남자와 돈 잘 버는 남자를 우선으로 생각한다고 가정해보자. 그 이유는 여성이 본인 스스로와 나중에 태어날 수 있는 아이들을 위한 든든한 배우자를 찾기 위함이고, 여성은 본성적으로 우월한 유전자를 찾으려는 본능이 있다고 하자.

이런 경우라면 여성은 여성성을 더 강조하려는 반면에 남자는 위축된 어깨에 두꺼운 옷이 잘 팔린다. 미국에서 시작된 글로벌 경제 위기가 한국에도 상륙할 즈음, 추위가 채 오기도 전인 가을, 서울 명동엔 두꺼운 패딩 점퍼가 쇼윈도우를 장식했다. 얇아진 어깨에 치솟는 난방비 부담에 두꺼운 옷이 잘 팔렸다.

또한, 경기 탓에 따른 쇼핑은 어떨까?

돈을 못 버는, 아니 경기 위축에 경제활동이 잘 안 되는 남자의 어깨는 다른 남자에 비해 상대적으로 또 위축된다. 남자는 자존심으로 살아가는 본능을 가진바, 경제적 능력이 남자의 자존심을 지탱하는 밑바탕임을 볼 때, 경제 위축은 남자 어깨(적어도 자존심을 어깨를 편다는 것에 비유하면)를 위축시킨다. 그래서 위축된 어깨를 펴고 당당한 모습을 강조하기 위해서라도 남자는 두꺼운 패딩 점퍼를 선호한다. 대리만족을 얻으려는 자기 보호 본능일 따름이다.

경기가 안 좋을 때는 원색의 화장품도 잘 팔리기도 한다.

원색 화장품과 의류가 잘 팔린다는 건 아프리카 지역 경제 환경이 다소 어려운 지역을 봐도 알 수 있다. 최악의 경기 상황이

지금 당장 시작할 수 있는

온다면 사람들은 원색 화장품과 원색 의류를 고른다. 소비할 때도 생활이 필수적인 식료품에 치중한다. 기본으로 돌아가는 심성인데, '섞임'을 거부한다. 사람들과의 만남도 줄어들고 집에서 식사하는 비중을 늘려 외식을 하지 않는다.

이처럼 경기에 따라 매출이 달라지고 컬러가 달라지는 이유는 컬러가 사람의 심리 상태가 서로 영향을 주기 때문이다.

사람은 색(COLOR)에 의해 시각을 유혹당하고 자기 생활에도 컬러감에 의해 느낌을 받는다. 색채 심리학에서는 이런 사람들의 본능을 활용하는데, 아이들 공부방엔 파란색 계통의 벽지를 바르고, 자연 친화적 정서 안정을 위해 초록색을 사용하는 것과 같다. 자연에 기본 존재하는 색을 고르는 것이다. 컬러 치료사란 직업도 사람들의 심리를 색으로 치료하는 분야 중 하나이다. 여자들에게 원색 화장품은 자연으로 회귀하는 본능을 나타낸다. 립스틱과 같은 색조 화장품은 원색 상품이 쏟아지는 시기이기도 하다.

또한, 원색 의류는 사람들에게 자기의 존재감을 부각해 주는 효과도 얻는다. 회색 도시에서 묻혀가는 자기 이미지를 원색 의류로 부각하는 것이다.

유럽 및 서구 국민소득이 3만 달러 이상 되는 지역엔 원색 계열보다 무채색과 탁색이 주류를 이룬다. 그레이, 회색 도시로 상징되는 경기화의 일환이다. 스웨터가 잘 팔리고 사람들은 여유가 있다. 도시와 자기를 동일시하고, 도시 흐름에 자기 생활 흐름을 맡긴다. 돈을 벌기 위해 시간을 줄이려는 난폭 운전도 찾아보기 어렵고 작가적 심성을 강조하는 삶의 관조자적 예술 작품이 주류를 이루고, 쌓아온 부(富)를 통해 어떤 일에 대해서도 자신감이 충만하다. 유럽 지역에서 상대적으로 가난한 아시아 지역 사람들에 대한 인종 차별이 심한 이유도 같다.

귀족 문화와 전통과 역사를 존중하려는 움직임도 부(富)에 기인한다. 엄연한 차별이 존재하고 이를 사회적으로도 인정하려는 분위기에 사람과 사람은 자유롭게 보이지만, 보이지 않는 차별이 존재하기도 한다.

영국에서는 지금도 영국 여왕이 기사 작위를 수여한다. 영국의 금융이 미국을 원조한다는 건 이미 다 아는 사실. 그리고 영국의 죄수들이 아메리카 대륙으로 건너가 초창기 인디언들과 싸우며 지금의 미국을 만들었다는 영국인의 자부심도 있다. 자부심이라기보단 내면에 드러내지 않는 상대방에 대한 숨겨진 멸시이기도 하다.

사업 계획서 대행 회사

이렇듯 경제가 어렵고 하루 앞을 잘 모르는 생활의 반복이 이루어지며 경기가 어려우면 사업을 하려는 부류의 사람들이 생긴다. 주로 젊은 층과 기성세대 중장년층에서 사업가로 나서는 사람들이 생긴다. 사회에 진출해서 안정적인 생활을 영위하던 40~50대 이상의 중장년층 사람들은 사업하더라도 안정적인 사업을 하려 든다.

아무리 어려워도 사람들은 '밥은 먹겠지?' 하는 생각에, 장사가 안되더라도 '식구들이라도 밥 굶을 일은 없겠지?' 하는 비전(?)을 갖고 식당을 차린다. 40~50대 이상의 사람들은 돈이 있다면 돈을 지키는 데 주력하고, 돈이 필요하다면 안정적 사업을 찾는다는 말이다. 경기를 안 타는 사업을 찾지만 이마저도 쉽진 않음을 알게 된다.

식당을 차릴 여력이 안 되는 사람들은 자기가 가진 유일한 자격증, 자동차 운전 면허증으로 사업을 시작할 궁리를 하다가 내리는 결론은 손쉽게 생각한 개인택시 기사로 나서거나 화물차 하나 사서 운전업을 택하기도 한다. 그러나 하루 12시간 운전하는 택시 운전은 3일에 한 번 쉬는 조건이 붙는다 해도 보통 어려운 일이 아니고 체력적 소모도 많고 술 취한 손님과의 마찰도 심심찮게 일어난다.

화물 차량 운전도 마찬가지이지만, 사회의 안정적인 관리직 계층에서 일하던 습성 탓에 경제 최전방으로 내몰린 다음에 접하게 되는 서비스 사업은 심사를 뒤틀리게 하고 배알이 꼬이게 한다. 단돈 몇만 원을 벌기 위해 손님들과의 마찰도 참아야 하고, 종일 운전하다 보면 체력이 떨어져 감기 걸리는 날도 많아진다. 운전 사업을 접을까 고민하게 되는 시기는 시작한 지 3개월 이내에 온다.

　반면, 취업이 안 되거나 이런저런 이유로 회사를 그만둔 20~30대 청장년층은 지식을 활용한 서비스 사업에 도전한다. 인터넷을 활용한 다양한 사업에 도전하는데 인터넷으로 물건을 파는 쇼핑몰 사업과 인터넷 카페 등을 활용한 회원 모집을 통해 수익을 내는 방법을 찾는다. 컴퓨터 사용에 능숙한 젊은 층이 많은 탓에 웹 디자인 능력으로 가능한 어지간한 사진 수정 기술과 사진 촬영 기술 등을 사업 모델로 적극 활용한다.

　사진 이미지 수정해드립니다.
　인터넷 쇼핑몰 사진 촬영해드립니다.
　쇼핑몰 광고해드립니다.

　이런 광고가 인터넷 각종 사이트 게시판에 자주 보인다. 인터넷에서 사업 기회를 찾으려는 젊은 층이 내놓은 글들이다. 하지

지금 당장 시작할 수 있는

만 대개 이런 사업은 시장 진입 장벽이 쉽지만, 수익이 그다지 크지 않다. 처음 사업 초기엔 비용이 수익을 앞지를 때도 많다.

게다가 체계적인 사업 교육을 받지 않고 시작한 일이다 보니 아마추어적 행동 방식으로 손님들과 마찰을 빚을 때도 많고 독단적인 일 진행으로 빈축을 사기도 한다. 남의 지갑 여는 게 얼마나 어려운 일인지 하나하나 깨우쳐 가는 단계이긴 하지만 깨닫는 데까지 아까운 시간을 써야 한다는 게 손실이다.

위에서 알아본 바와 같이, 멀쩡히 직장 잘 다니다가 나 자신의 의도가 아닌 제3자의 여건 때문에 회사 문을 나와야 한다면 그 상황에 처한 사람은 당황하게 된다. 자기가 알고 있는 방식대로 이리저리 다녀보고 제2, 제3의 회사 입사를 생각하지만, 그마저도 여의치 않다면 창업에 도전하게 된다.

창업하기엔 그동안 내가 겪은 학습과 경험이 부족하다는 사실을 깨닫는다. 생각만으론 잘될 것 같은 사업이란 것도 직접 해보니 돌발 변수가 너무 많고 누구 하나 나를 도와줄 사람도 없다. 이리 치이고 저리 치이다 보면 회사 다니면서 알아둔 절친한(?) 친구들에게 속았다며 술잔만 기울이는 사람도 많다.

그래서 사업을 하려면 필수 선결 과제인 '사업 계획서'부터 쓰는 방법을 다시 찾게 된다. 주변 지인들에게 투자를 받으러 다니지만 가는 곳마다 거절당해 보면 투자 자금을 받기 위해 창업 투자사를 기웃거리게 되는데, 가는 곳마다 사업 계획서를 제출하라고 하기 때문이다. 작은 장사부터 큰 사업까지 한결같이 요구하는 사업 계획서. 도대체 사업 계획서란 무엇일까? 창업자의 고민은 깊어만 간다.

20~30대의 소자본 인터넷 사업이든 40~50대의 안정적인 식당과 운수업일지라도 모든 사업에는 '사업 계획서'가 필요하다. 사업은 돈을 벌고 돈을 제대로 배분하고, 재투자해서 사업을 키우고 확장하기 위한 목적이 있다. 따라서 사업을 시작하려 한다면 사업 계획서 작성부터 알아야 한다.

창업을 생각하는 사람들은 '창업'이란 검색과 '사업 계획서'라는 키워드 검색을 많이 한다. 인터넷엔 각종 창업 관련 사이트가 많고, 저마다 장점을 내세우며 우리 아이템으로 시작하면 돈 번다고 광고한다.

하지만 자세히 보면 창업자들이 필요한 '사업 계획서'를 꾸미고 도와주는 곳은 많지 않다. 기껏해야 '사업 계획서 양식'을 다운로드받도록 하고 소액의 수수료를 받는 장사치만 가득하다. 사업 계획서를 한 번도 안 써본 사람이 서류 하나 가졌다고 해서 사업을 시작할 수 있는 게 아니다.

그래서 사람들은 사업 계획서가 있어도 그대로 둔 채, 자기 경험과 자기 생각대로 자금을 쓰고 운영하다가 결국 쇠락의 길로 들어선다. 사업 계획서는 써보지도 못하고 완성하지도 못한 채 자기 뜻(?)대로 사업하다가 주위에 빚만 잔뜩 진 채 문 닫게 되는 것이다.

사람들이 처음 만나면 자기소개를 하듯이 '사업 계획서'란 사업에 대한 소개서이기 때문에, 고객을 대할 때도 내 사업에 대한 확실한 정체성을 보여줄 수 있다. 사람들은 수많은 점포, 회사, 프리랜서들 가운데에 치이며 생활한다. 사람들은 어떤 서비스가 새롭게 나왔다고 해도 관심을 두지 않는다. 너무 많기 때문에 그저 그러려니 한다. 거리를 걷다 보면 주위 사람들에 대해 무관심하게 되는 이유가 그것이다. '군중 속의 고독'이란 말이 있다. 너무 많으면 무관심하게 된다.

따라서 수많은 사업 가운데 나만의 사업에 대해 제대로 사업 계획서를 잘 쓰는 게 사업 성공의 가장 중요한 단계이다. 내 사업은 다르다. 내 사업은 '다르다'란 걸 소비자들에게 알리고 그들을 설득해서 내 사업의 조력자로 만드는 것 또한 사업 계획서의 힘이다.

사업을 시작하려는 사람들을 보면 가끔 '나 못 믿어?', '나를 믿고 투자해라.'고 설득한다. 정말 어리석은 행동이다. 사업을 시작하면서 친구를 잃게 되는 지름길이다. 창업을 포함해서 어떤 장사이건 간에 '사업'을 해보면 사람은 믿는 게 아니다. 사업이란 곳에는 오로지 '돈'만 있다. 돈에 치열해야 사업 성공에 다가설 수 있다.

사회에서 돈을 모은 사람들은 알뜰한 성실파와 똑똑한 기술파가 있다. 성실파는 직장에 다니며 꼬박꼬박 돈을 저금하고 적금과 보험 등에 투자해서 재산을 만든 사람들인데, 이런 사람들은 돈 버는 기술을 잘 모르고 익숙하지 않기 때문에 과감한 투자를 하지 못한다. 아는 사람의 부탁으로 적은 돈을 빌려주더라도 그 순간 돈 받을 걱정에 잠을 못 잔다. 이런 사람들에게 돈을 빌렸다간 감정싸움나고 금세 헤어지기 일쑤이다.

똑똑한 돈 버는 기술을 아는 사람들은 주변 사람이 자기에게 투자하라고 해도 잘 듣지 않는다. 오로지 '문서'로 이해하고 '수치'로 계산하려고 든다. 사람은 자기도 모르게 거짓말을 하지만 문서는 기록이기 때문에 거짓말하지 않는다고 생각한다. 따라서 문서로 모든 것을 파악하고 철저히 계산해서 돈 되겠다 싶으면 투자를 한다. 이들이 하는 '투자'는 자기 판단에 근거한 것이기 때문에 그 결과에 대한 책임도 스스로 진다.

'그냥 잘 배웠다고 생각하지, 뭐.'

'수업료 냈다고 생각하지, 뭐'

이들이 주로 하는 말이다. 그리고 이 사람들은 또 다른 사업을 항상 찾고 또 계산하고 또 투자한다. 그러다가 돈을 번다.

돈이 오고 가는 경제 분야가 어렵고 사람들이 쇼핑하는 경기가 불황이면 대부분 초심 사업가들이 많이 나온다. 월급 늦게 주는, 때로는 안 주는 직장에 나오고 취직 기다리다가 번번이 불합격되는 생활에 짜증 나서 내 사업하겠다고 시장에 나오는 것이다.

이럴 때, 새로 시장이 확대되는 사람들을 위한 사업 아이템이 바로 '창업을 도와주는 회사' 다시 말해서 구체적으로 '사업 계획서 대행 회사'인 셈이다.

사업 계획서가 뭔지, 어떻게 쓰는지 모르는 사람들이 많다. 이럴 때 사업 계획서 작성을 도와주는 사업이 가능성이 있다. 투자 자문사, 투자 금융사 등 창업 자금을 빌려주는 제도권 기관의 경우, 자기 입맛에 맞는 사업 계획서를 선호한다. 아무것도 모르는 창업 준비자가 사업 계획서랍시고 써서 들고 가도 투자 금융사에서는 자기네 사업 계획서로 다시 써오라고 한다. 기관 고유의 사업 계획서를 내놓고 다운받아서 작성해 오라고 한다. 그러나 이 또한 안 해본 사람들에겐 그림의 떡이다. 글자는 읽지만, 그들이 원하는 게 무엇인지 정확히 알기 어렵기 때문이다.

이럴 경우를 대비해 사업 계획서 전문가를 준비해서 시장을 열어본다.

사업 계획서 작성 대행 사업은 20대 이상, 50대 장년층까지 모두 잘 어울리는 사업이다. 예비 창업자들에게 사업 계획서를 만들어 주는 사업하면서 각자 전문 분야에 특정한 사업 계획서 대행 서비스 사업을 하고, 때에 따라서는 정부 지원 자금에 대한 연결 조언까지 서비스한다.

이 사업은 시작 단계에서 철저한 홍보력에 의해 성패가 달려 있다고 해도 과언이 아니다. 발로 뛰고 사람을 만나고 내 사업을 적극 알려둬야만 고정 거래처가 생기고 소문을 듣고 찾아오는 내방객이 생긴다.

단, 이 사업도 서비스 업종임을 잊지 말아야 한다. 미래에 대한 막연한 불안감에 휩싸인 사람들이 바로 창업 준비자임을 염두에 두고 성공 가능한 추정치를 내세우는 대신 창업 준비자 곁에서 창업을 돕는 동지로서만 역할을 다해야 한다.

때로 사업하는 사람의 전문 분야 이외의 사업 계획이 들어올 경우를 대비해서 차츰차츰 사회 각 분야의 전문가를 사업 계획서 대행 사업의 프리랜서로 채용하고 돌발 사태(?)에 대해 대비

지금 당장 시작할 수 있는

하는 게 좋다. 사업 계획서 대행 사업의 비전은 안정적인 수수료 사업이면서 때에 따라 독특한 사업 아이템을 만날 수 있는 또 다른 사업 확장의 기회 사업이기도 하다. 게다가 창업을 통해 도운 사람들과 신뢰가 쌓여 다양한 사업으로의 다각화도 가능한 일이다.

망하는 회사의
대표적 12가지 특징

　"왕(王)의 귀환을 축하합니다!"

　송 이사였다. 공항 입국장을 지나자마자 전원을 켠 전화기에 문자 메시지가 찍혔다. 홍콩 출장을 마치고 귀국하는 날을 어떻게 기억하고 있었는지 거래처에서 연락을 남겼다. W는 짐가방을 올려놓은 카트를 밀면서 공항 청사 밖으로 나가며 A 기업 전무이사인 송氏에게 전화를 걸었다.

　"어떻게 아시고 이렇게 또 반겨주시나이까?"

　"도착하셨죠? 환영합니다. 한국에 오신 걸요! 감축 드립니다."

　"제가 없는 동안 한국을 잘 지켜주고 계셨죠?"

　"네네. 그럼요."

　"그런데 어쩐 일로요?"

　"내일 저희 회사로 오세요. 회식합니다."

　회식이라니. W가 홍콩 출장을 떠나기 전날 A 기업의 회식에 동참해서 밤늦도록 술 마시느라 다음 날 새벽 비행기를 놓칠

뻔해 고생했던 기억이 떠올랐다. 동행하기로 했던 일행이 공항에서 만나기로 한 시각에 내가 왜 오지 않는지 전화를 걸어주지 않았다면 잠에서 깨지도 못했을 정도로 나는 술에 떡이 돼있었다. 부랴부랴 택시를 타고 공항에 도착해서 가까스로 출국수속을 마치고 비행기에 올라서서야 앞사람이 말해줘서 바지의 앞 지퍼가 내려가 있는 걸 알 정도였다. 항상 약속 시각 30분 전엔 도착하는 게 습관이었던 W가 허둥대는 모습을 본 일행들이 신기해할 정도였다.

 W는 송 이사가 초대한 회식 자리에 참석하지 않았다. 회식 시각 전후로 뻔질나게 전화가 걸려왔지만 한 통화도 받지 않았다. 다만 송 이사가 W가 동석하는 걸 포기하고 회식 자리에서 흥해졌을 무렵 늦게나마 문자 하나를 남겼을 뿐이다.
 '어제 무리해서 오늘 지금까지 자다가 일어났네요. 즐거운 시간이 되시고요. 다음에 또!'
 그러자 잠시 후, 송 이사로부터 답이 왔다. 평소 성격대로라면 문자를 보는 즉시 답을 보냈겠지만 아마도 술이 거나하게 취해서 그랬는지 답이 늦은 편이었다. 보내온 문자도 찍다가 자꾸 오타가 나서 옆자리에 앉은 박 과장에게 자기가 말하는 대로 대신 눌러달라고 해서 보냈을 것으로 짐작되었다. 송 이사와 회식을 해본 사람이라면 누구나 알 수 있는 그림이다. 송 이사는 회식에 보고 싶은 사람을 부르는 게 아니라 그저 자리를 채우려고 노력하는 스타일이었다.

송 이사의 상술은 '술'이었다. 비즈니스맨들의 상술에 '선물', '형 동생(오빠 동생, 언니 동생, 누나 동생)', '식사', '공연 티켓', '여행 권', '인맥', '학연', '돈', '지역', '립 서비스', '가격 할인', '꺾기(리베 이트)', '미인계(미남계)', '비전', '이직', '스카우트', '실적', '필요충분 조건', '현금 카드', '취미 동호회' 등이 있다면 송 이사의 상술은 '알코올 드링킹'이었던 것이다.

주위 거래처 사람들이나 지인들의 이야기를 들어보면 송 이 사는 원래 술을 많이 마시는 사람은 아니었다고 하는데 전무이 사를 달고 회사의 영업을 책임지는 자리를 맡게 되면서 자연스 럽게 '술'을 달고 사는 모습으로 변했다고 했다. 그리고 그 시점 은 아마도 송 이사가 기획하고 출시해낸 Z라는 상품이 히트 치 면서 회사 내에서도 인정을 받기 시작할 무렵이라고 했다.

'히트 상품 하나 냈다고 술(酒)로 영업하다니?'

W는 송 이사의 모습을 보며 A 기업이 결코 오래가지 못할 것 이란 생각을 했다.

송 이사가 주최한 회식 절차는 대개 처음엔 참치 집에서 맛 있는 안주에 술을 걸치고 노래방에 가서 노래를 부르는 걸로 시작한다. 그리고 생맥줏집에 들러 3차를 한 후에 여흥이 채 가시지 않았다면 다시 4차, 5차까지 자리를 만들어 술을 마셨 다. 송 이사가 주최한 회식 자리는 어지간한 술 애주가가 참석 해도 나가떨어질 정도였다. 하지만 더 큰 문제는 회식 자리에서 송 이사의 태도였다. 회사 내에 부하 직원들과의 격식을 없애고 가족처럼 분위기를 이끌어간다는 게 취지였는지 모르지만 송이사는 이따금 취해 볼썽사나운 모습을 보이기 일쑤였다. 술에 취해 몸을 가누지도 못할 만큼 곤죽이 돼서 자신이 여자라는 사실도 잊은 듯 남녀를 불문하고 부하 직원이며 거래처 직원들에게도 아무렇게나 기대거나 부축을 받았다. 그런 일이 너무 잦다 보니 부하 직원이나 거래처 직원들은 어느새 송 이사의 그런 모습을 자연스럽게 받아들이기까지 했다. 직장 상사이자 거래처 임원으로 만나던 어려움은 사라졌고 회식 자리엔 술에 취한 여자와 남자들만 있었다. 비즈니스의 상술이 경쟁하는 자리가 아니라 술에 찌든 사람들끼리 모이는 저잣거리 느낌이었다. W가 송 이사의 회식자리에 더는 참가하지 않게 된 이유이기도 했다.

한편으론 W는 송 이사 행동의 원인이 궁금하기도 했다.

송 이사는 히트 상품을 출시했다는 자만심에 격해졌던 탓일까? 전무이사라는 타이틀이 무거워서였을까? 커리어우먼으로서 집안일과 사회활동을 병행하느라 스트레스를 가졌던 걸까? Z 상품의 히트 이후에 또 다른 히트를 기대하는 회사의 기대에 부응하지 못해서 불안했던 걸까? 아니면 송 이사가 본래 술을 좋아하며 유흥 즐기는 성격일까?

하지만 정작 송 이사에게 영업을 맡긴 A 회사는 히트 상품을 출시한 이후로 불안한 매출 상태가 이어졌다. 곧 어려움이 닥칠 것만 같았다. 하지만 A 회사로서도 뾰족한 수가 없었다. 회사

영업은 어느새 송 이사에게만 치중된 상태였고 신제품 개발이 몇 번 추진된 적은 있었지만, Z 상품처럼 빅히트를 친 것은 아니었다. 오히려 신상품을 낼수록 회사 경영 상태만 어려워지는 형국이었다.

A 기업은 주식회사였지만 전무이사가 대표이사처럼 업무지시를 하던 회사였기에 송 이사의 결정에 따라 회사 자금 용처가 정해졌다. 직원이 전셋집으로 이사할 시기가 되면 회사에서 알아서 돈까지 빌려주는 지경에 이르렀고, 거래처 사람들이나 내부 직원들끼리 회식이 많아지면서 회사 매출보다 술값으로, 비용으로 지출되는 돈이 더 많아졌다.

결국, 어려운 경영 여건에서 송 이사의 히트 상품 출시로 반짝 빛을 발했던 A 회사는 다시 어려워졌다. 사무실을 쓰던 곳에서 적은 평수로 옮겨 이사가야 할 처지까지 되었다. 직원 수도 줄었다. 그렇지만 히트 상품은 여전히 나오지 않았다. 송 이사는 술을 끊고 회사 일에 전념했지만, 회사 자금 사정은 내리막길로 곤두박질친 이후에 다시 올라올 기미가 보이지 않았다. A 회사는 점점 더 힘들어지는 중이다.

어려웠던 상황에서 히트상품을 출시하며 일어설 기미가 보였던 A 회사가 갑자기 경영이 악화되며 회복이 어려운 침체 상황에 빠진 이유는 무엇 때문이었을까? 송 이사의 술 영업에 치중했기 때문일까?

망하는 회사는 망하게 그냥 두라!

그들을 도와주려면 그들이 망한 후에 다른 살길을 찾아 줘라

거래하다 보면 대표이사가 아무리 좋은 차를 타고 다니고 아무리 좋은 빌딩에 사무실을 둬도 상인의 눈에는 망할 회사가 보이고 잘 될 회사가 보인다. 그리고 조금 더 시간이 지나면 망할 회사는 도와주고 싶어도, 도와준다고 해도 어차피 망하게 된다는 걸 알게 된다.

망하는 회사 중에는 원래 비즈니스가 적성에 맞지 않아 망하는 회사도 있고 다시 살려두면 다른 상인들에게도 피해를 주는 회사도 있다. 함부로 도와주었다간 좋은 상인들을 다치게 할 위험이 있다. 또 "왜 그것밖에 못 도와주느냐."라는 서운한 소리만 듣게 될 수도 있다. 그래서 망할 회사는 그냥 망하게 둬야 한다.

어차피 망하는 회사의 특징 💡

1. 대표가 직원을 믿는다며 권한을 위임한다?

이런 회사는 대표가 대표이기를 거부하는 곳이다. '우리는 한 가족'이라며 대표이사는 얼굴마담 역할만 하고, 권한을 직원들에게, 팀장들에게 이양해주는 경우다.

생각해보자. 예를 들어 학교에서 선생님이 부지런하지 않다면? 학생들이야 편하겠지만, 학생들이 스스로 공부할 확률은 떨어질 수밖에 없다. 그 후 학생들의 성적은 점점 떨어지고 나중에 '이게 아닌데?'라고 허겁지겁 공부를 시키고 학교 분위기를 바로잡으려고 해도 그때는 이미 늦는다. 그렇듯 대표이사가 회사를 편하게 운영하고도 잘될 수는 없는 것이다.

2. 사무실에서 사장 집무실은 따로 독립돼 있다

사장실도 중요하다. 직원들이 근무하는 곳과 분리된 곳에 사장실이 있다면 그 회사 직원들은 사장이나 임원들이 내리는 결정의 수행자 노릇만 하게 될 것이다. 반면 사장실과 직원실과의 경계가 없다면 그 회사는 직원들이 돈을 버는 구조가 된다. 직원들이 벌어오는 돈을 사장과 경영진은 잘 배분만 하면 된다. 대표와 직원들 관계가 가족적이고 사무적이고의 차이는

'사장실과 직원들 사이에 벽'이 있고 없음이 아니다. 직원들 편안하게 일하라고 사장실에 칸막이를 치는 건 의미가 없다. 역으로 사장으로서의 권위를 갖겠다고 칸막이를 치는 것도 의미가 없다.

회식을 많이 하는 것도 직원들은 바라지 않는다. 고기 먹고 술 마시고 노래 부르고 밤늦게 귀가하기보다 그런 경비를 줄여 회사 기반을 안정적으로 다지고 월급 1만 원이라도 더 챙겨주려는 직장을 원한다. 회사가 안정되고 급여가 높다면 직원들은 애사심이 절로 생길 것이고 그 회사를 떠나지 않을 것이다.

3. 사장이 자기 자리를 거의 비워둔다?

단 한 번의 노력으로 이익을 얻는 데 성공했다면 돈 버는 경영에 대해 모두 알았다고 착각할 수 있다. 그런데 그 단 한 번의 이익이 술자리에서 지인의 도움으로 만들어졌다고 생각되면 회사 대표는 매일 술만 마시러 다니게 될 것이다. 만약 골프장에서 접대한 일이 도움됐다고 생각하게 된다면 그 대표는 매일 골프장에 가서 살려고 할 것이다. 그런 식의 성공은 회사에 대표이사가 머물러야 할 곳을 밖에서 찾게 할 수도 있다.

그러나 사장의 잦은 외근은 직원들을 나태해지게 할 수 있다. 직원들은 출근하더라도 사장이 외근 나갈 때까지만 열심히 일하는 척하게 될 것이다. 직원들은 사장이 없는 회사에서 사장처럼 일해주지 않는다.

사장이 밖에 나가서 두 번째 이익을 힘겹게 또는 운이 매우 좋게 또 가져온다고 해도 직원들은 그건 사장이 할 일이라고만 여긴다. 회사에서 그들이 해야 할 일을 찾지 않는다. 결국, 그 사장실이 비는 만큼 직원들도 어딘가로 사라지게 된다. 물론 그 중간엔 회사 은행 계좌 잔고도 같이 사라질 것이다.

4. 직원들 간 대화 표정에 애정이 없다?

망하는 회사의 특징은 그 직원들 얼굴에서 먼저 나타난다. 회사 직원들이 업무 외적으로도 고민을 얘기하고, 격려를 보내는 등 친밀한 관계를 맺고 있다면 그 회사는 틀림없이 잘된다. 하지만 직원들이 서로 대화를 할 때도 무표정이거나 지극히 사무적일 경우 그 회사는 비전이 없다고 봐야 한다.

직원들은 회사의 운영 상태를 누구보다도 더 많이 안다. 때로는 사장보다 먼저 알 수도 있다. 그래서 회사가 어렵다면 사장이 아무리 '우리 회사는 괜찮아!'라고 해도 직원들 마음속엔 이미 다른 생각이 자리 잡게 된다. 그렇기 때문에 미래가 불투명한 회사일수록 직원들의 표정이 무뚝뚝해질 수밖에 없다.

직원들은 야근 수당을 걱정하며 칼퇴근을 하게 되고 집에서 몰래 작성하던 이력서나 자기소개서를 버젓이 회사에 근무시간에 작성하기도 한다. 심지어 회사 프린터로 다른 회사 지원할 이력서를 출력해서 들고 가는 직원들도 생긴다.

5. 외부 전화가 오더라도 직원들의 태도가 불친절하거나 무미건조하다?

직원들이 전화 응대 교육을 잘 받지 못해서일까? 그렇지 않다. 이럴 경우 회사에 걸려오는 전화 내용이 문제다. 직원들의 전화 받는 태도가 불친절하다는 것은 회사에 도움되는 전화이기보다 회사 업무와는 전혀 관련이 없거나 돈 나갈 일로만 전화가 자주 걸려온다는 증거다.

직장인들이 회사에 다니는 이유는 '대안이 없어서'다. 사장을 존경해서도 아니고, 그 회사의 일이 너무 좋아서도 아니다. 집에서 멀어도 비가 와도 눈이 와도 그들이 회사에 출근하는 이유는 '대안이 없는 까닭'이다. 그들이 회사에 나오지 않으면 할 일이 없다는 이야기가 아니라 그들이 그 회사 말고 다른 선택을 할 상황이 아니라는 뜻이다. 그런데 직원들이 전화를 받을 때 무미건조하다? 불친절하다? 그건 그 회사가 '대안이 없는 직원들에게 이젠 막다른 골목'이 되었다는 표시가 된다. 직원들이 이젠 어디로 가야 할지 막막하다는 의미다. 사무실이 아무리 멋지고, 휘황찬란해도 사장이 아무리 좋은 차를 끌고 다닌다고 해도 그 회사의 미래는 직원들의 전화 응대 모습에서 이미 곧 망할 회사라는 것을 보여주고 있다.

곧 망하는 회사의 부수적 특징

1. 퀵서비스를 너무 많이 쓴다?

회계팀이나 영업팀, 마케팅팀이나 자재팀 등에서 모든 업무 처리를 퀵서비스에 의존한다면 그 회사는 머지않아 재정 위기를 맞게 될 것이다.

퀵서비스 비용을 한 건에 1만 원이라고 해보자. 하루에 10건만 쓴다고 가정해도 한 달에 200건이고, 200만 원이 든다. 그럼 이 비용을 회사의 이익금으로 충당하려고 할 때 회사는 퀵서비스 비용을 벌기 위해 2,000만 원 정도의 매출을 올려야 한다. 매출의 10%가 순이익이라고 할 경우다.

2,000만 원 매출을 올리려면 100만 원짜리 제품을 20개 팔아야 하고, 10만 원짜리 제품은 200개 팔아야 하며, 1만 원짜리 제품은 2,000개 팔아야 한다. 2만 원짜리 제품은 1,000개 팔아야 한다. 인터넷 쇼핑몰이라면 2만 원짜리 상품을 1,000개를 팔아야만 간신히 퀵서비스 비용을 낼 수 있게 된다. 2만 원짜리 제품을 한 달 동안에 1,000개 팔려면 하루에 최소한 33개를 팔아야 한다는 이야기고, 결론적으로 말해서 하루에 300개를 팔던 쇼핑몰이라면 퀵서비스 비용으로 10%의 매출을 더 올려야 한다는 의미다. 이게 가능한 수치일까?

2. 월차, 외근, 병가처럼 짧은 시간 자기 자리를 비우는 직원들이 많아진다?

회사 일이 바쁘면 자리를 비울 틈이 없다. 업무차 어떤 회사에 전화를 걸었는데 그때마다 직원이 자리를 비운 상태라고 한다면 그 회사는 곧 망할 회사다. 회사 다니는 직원들이 이직을 꿈꿀 때 그런 현상이 생긴다. 안 쓰던 월차를 쓰거나 갑자기 치과에 다니기 시작한다.

치과에 다녀온다고 하면 '치료받던 병원'에 가야 한다는 당위성이 생기고, '가는 데 한 시간, 오는 데 한 시간, 치료받는 데 30분' 정도 충분한 여유 시간이 생긴다. 점심 먹고 나가서 면접 보고 들어오기에 시간이 충분하다. 게다가 치과 진료는 일단 시작하면 며칠 간격으로 꾸준히 다녀야 한다. 다른 회사에 취직될 때까지 계속 치과에 다닐 수 있다.

3. 직원들끼리 모임이 많아지거나 개별 활동이 많아진다?

점심시간 후에 회사 회의실에 직원들끼리 모이는 시간이 길어진다. 회사 일을 열심히 하기 위한 모임이 아니라 회사에서 어떻게 버틸 것인가, 나갈 것인가를 의논하는 자리가 된다. 직원들끼리 모여서 할 수 있는 대화란 서로의 고민 상담이 대부분이기 때문이다.

그럼 회사에 팀원들끼리 잘해보자는 회식은 어떤 경우냐고 되묻는 사람이 있다. 일주일에 3번 이상은 직원들끼리도 회식

하는데 그것도 망할 회사의 징조냐고 따질 수 있다. 하지만 잘 생각해 보자. 직원들끼리의 회식은 회사에 경비를 지원 청구하게 된다. 직원들끼리 모였다는 걸 회사가 알게 된다. 하지만 경비 청구를 하지 않는 직원들의 모임은 회사가 알 수 없는 모임이다. 업무에 연관성 없는 모임이란 의미다.

어쩌면 직원들끼리 단합이 잘 되어서 회사에 비용 청구도 하지 않고, 그들끼리 모여 회사의 발전을 도모한 것이라고 할 수도 있다. 하지만 회사의 발전을 도모하는 직원끼리의 모임도 한두 번이면 충분하다. 회사 몰래 직원들끼리 모이는 횟수가 잦아진다면 이야기는 달라진다. 그건 회사의 위기가 닥쳤다는 표시다.

4. 거래처 대표들이 자주 찾아온다. 사장만 찾다가 오래 머물다가 간다?

회사에 거래처 대표들이 자주 드나든다면 두 가지 경우다.

하나는 그 회사가 잘되는 상황에서 공장의 소개, 아는 거래처의 소개로 일감을 달라고 찾아오는 손님들이 많을 때다. 그런데 평소엔 얼굴 보기도 힘들던 거래처 대표들이 어느 순간부터 자주 방문하고 있다면 대부분 회사가 거래처에 결제를 못 해주고 있다는 걸 의미한다.

회사가 어려워진 상황이라 한다면 거래처 사람들은 사장만 찾게 된다. 이는 결재권자인 사장하고만 얘기가 된다는 표시다. 그리고 사장을 만나게 되면 오래 머물다가 가는 경우가 많은데 그들에게 다른 일을 제쳐 두고라도 급하게 해결해야 할 (돈) 문제가 있다는 표시다.

5. 세금 고지서, 법적 서류들이 많아진다?

회사에 오는 우편물 중에 행정 우편이 많아진다. 법원 서류와 세무서 서류가 증가한다. 외부에 돈 받을 곳이 많아서 법적 절차에 착수하는 서류가 많아지는 경우는 극히 드물다. 수금이 원활하지 못하기 때문에 법적 절차가 필요한 것이고, 그런 서류가 많다는 것은 그 회사의 자금 사정이 얼마나 최악인지를 방증할 뿐이다.

6. 매출의 1% 이상을 회식비로 쓴다?

매출액의 1%를 회식비로 쓰는 회사는 미래가 없다. 1,000만 원을 벌면 10만 원을 쓴다는 얘기와 같고 1억 원을 벌면 100만 원을 회식비로 쓴다는 얘기와 같다. 순이익을 매출의 10%라고 했을 때 매출액 1%는 순이익의 10%에 해당하는 금액이다.

앞에서는 분명히 돈을 버는데 나중에 계산해보면 손해를 본다는 상인들이 있다면 현재 씀씀이를 되짚어 봐야 한다. 버는 게 중요한 게 아니라 쓰는 게 중요하다. '벌었으니 쓰자!' 하면 '살았으니 죽자!'라고 하는 것과 같은 말이다. 돈은 벌수록 더 아껴야 한다. 돈을 벌 때는 회식비를 쓰지 않는 게 가장 좋다. 정녕 꼭 써야 할 순간이 온다면 100만 원을 벌 때 1천 원을 쓰

는 것이 적당하다. 1천 원은 순이익 10만 원의 1%다. 이 금액
도 크다.

7. 사장님 자동차가 특별한 이유 없이 바뀐다?

돈이 벌리기 시작하면 남자들은 차부터 바꾸려고 한다. 돈
이 잘 벌리지 않았을 때 타고 다니던 차부터 빨리 청산하고 싶
어 한다. 비즈니스 미팅을 하러 호텔에 갔을 때, 손님을 접대하
고 나오면서 주차장에 세워진 차량 사이에 자기 차를 볼 때, 아
파트 주차장에 세워진 다른 좋은 차들을 보면서 도로에서 외제
차와 마주치면 자신도 모르게 오그라들어 조심 운전을 할 때
느꼈던 자격지심 때문이다.

하지만 돈을 벌기 시작했다고 차부터 바꾸는 건 돈 먹는 하
마를 장만하겠다는 것과 같다. 차는 사용하지 않고 세워만 둬
도 돈이 든다. 차가 비싸면 비쌀수록 보험료와 주차료, 자동차
세와 연료비도 비싸진다. 돈을 얼마나 더 벌었기에 돈을 더 쓰
겠다고 차를 바꾸는가?

돈을 벌기 시작하는데 혹시 거래처가 더 늘었는가? 아니면
경기가 호황이라서 반짝 경기를 틈타 매출이 늘어난 것인가?
거래처가 더 늘어난 경우라도 어떤 거래처들이 더 늘었는지 살
펴보자. 거래처들 주문량이 큰 대기업이 생겼는가? 아니면 고
만고만한 작은 기업들이 몇 개 더 생긴 정도인가? 대기업이 거
래처가 되었다면 차를 바꿀 필요가 있을지도 모른다. 대기업의

상사와 만나거나 접대하게 될 경우 가끔 고급 차량이 필요할 수 있다. 하지만 기존 거래처들과 같은 거래처들이 늘어난 경우라면 굳이 차를 바꿀 필요는 없다. 실제로 다른 사람들은 그런 사실을 전혀 의식하지도 않는다. 거래처들은 오히려 당신이 예전의 그 차를 타고 열심히 하기에 그 모습을 보고 주문량을 늘려줬을 수 있다. 그렇다면 당신 차가 바뀌는 순간 기존 거래처들은 당신에게서 등을 돌릴 수도 있다.